VOZ DE MUITAS ÁGUAS

Luciano Subirá

VOZ DE MUITAS ÁGUAS

hagnos

1ª edição: maio de 2025

Revisão: Pedro Nolasco
Projeto gráfico: Sonia Peticov e Julio Carvalho
Diagramação: Sonia Peticov
Capa: Julio Carvalho
Editor: Aldo Menezes
Coordenador de produção: Mauro Terrengui
Impressão e acabamento: Imprensa da Fé

A versão padrão deste livro é a *ARA (Almeida Revista e Atualizada)*. No entanto, em alguns trechos, optou-se por outras traduções para maior precisão, ênfase ou estilo. As demais versões utilizadas, devidamente identificadas ao longo do texto, são: *ARC (Almeida Revista e Corrigida)*, *TB (Tradução Brasileira)*, *ACF (Almeida Corrigida Fiel)* e *NVI (Nova Versão Internacional)*.

Editora Hagnos Ltda.
Rua Geraldo Flausino Gomes, 42, conj. 41
CEP 04575-060 — São Paulo, SP
Tel.: (11) 5990-3308

E-mail: editorial@hagnos.com.br | Home page: www.hagnos.com.br
Editora associada à Associação Brasileira de Direitos Reprográficos (ABDR)

Dados Internacionais de Catalogação na Publicação (CIP)

Subirá, Luciano
Voz de muitas águas : quando a palavra de Deus fala mais alto / Luciano Subirá. -- São Paulo : Hagnos, 2025.

ISBN 978-85-7742-642-3

1. Vida cristã - Testemunho 2. Palavra de Deus 3. Mensagens I. Título

25-1338 CDD 248.4

Índices para catálogo sistemático:
1. Vida cristã - Testemunho

Angélica Ilacqua CRB-8/7057

DEDICATÓRIA

AOS MEUS PAIS, JUAREZ E ZENI SUBIRÁ, que desde a infância me ensinaram as Sagradas Letras, como também a importância de permitirmos que elas transformem a nossa vida, e que me fizeram memorizar, aos quatro anos de idade, o meu primeiro versículo, Salmos 119:11:

> ***Escondi a tua palavra em meu coração***
> ***para não pecar contra ti.***

SUMÁRIO

Prefácio • 9
Introdução • 11

1 A VOZ DE MUITAS ÁGUAS • 13

2 A VOZ DA TENTAÇÃO • 27

3 A VOZ DA MAIORIA • 41

4 A VOZ DA DÚVIDA • 51

5 A VOZ DA GANÂNCIA • 67

6 A VOZ DOS MEXERICOS • 83

7 A VOZ DO DESÂNIMO • 93

8 A VOZ DO PRECONCEITO • 103

9 A VOZ DO MEDO • 113

10 A VOZ DO COMODISMO • 125

Conclusão • 139
A Voz que nos faz pensar e refletir • 143

PREFÁCIO

EU CONHEÇO O LUCIANO DESDE 1991, pois pastoreamos juntos durante seis anos. Neste tempo tenho visto a forma como o seu coração, cheio de dedicação, tem se posicionado diante do Senhor, com uma profunda fome, um desejo insaciável e uma busca constante pelo conhecimento de Deus. Portanto, para mim, prefaciar este seu livro significa mais do que escrever algumas palavras; significa descrever um pouco da sua própria história! "Voz de Muitas Águas" retrata um pouco da sua realidade de vida com Deus. Há muitas vozes ecoando mundo afora (nem todas foram listadas no livro!), tais como: a voz da multidão, a voz do conformismo, a voz do hedonismo, a voz da solidão, a voz da mídia etc. Contudo, nenhuma dessas vozes se compara à doce, suave e também poderosa voz do Senhor!

O pastor Luciano Subirá também destaca a necessidade de termos uma intimidade com a presença do Senhor e com a sua Palavra, para que, dentre todas as vozes, possamos discernir a voz do Senhor e permitir que ela prevaleça em nossa vida!

PASTOR LUIS GOMES DA SILVA FILHO

Ottawa Community Church (Ontário, Canadá)

INTRODUÇÃO

ESTE LIVRO NASCEU A PARTIR de uma mensagem ministrada em Guarapuava, Paraná, no dia 21 de setembro de 1995. Eu pude perceber que, apesar da simplicidade com que eu ministrava, o meu espírito vibrava diante da forma com que as verdades eram expostas. Não se tratava de algo novo, tampouco espetacular, mas que ministrou profundamente ao coração de muitos irmãos presentes, especialmente ao meu.

A partir de então começou a crescer em mim o sentimento de que eu deveria aumentar o alcance desta palavra, que nos desafiou, de modo que outros também pudessem recebê-la, o que resultou nesta mensagem ampliada e escrita.

Julgo importantíssimo ressaltar que os títulos atribuídos às várias outras vozes às quais somos expostos são dados com um único propósito: a assimilação da verdade exposta. Esses capítulos não esgotam o assunto, mas apenas resumem os nossos conflitos básicos, para que a simplicidade seja mantida e para que não nos distanciemos da prática. Creio que há muitas outras vozes a serem estudadas, as quais nem sequer mencionamos. Porém, à medida que abrirmos o nosso coração ao Espírito Santo e à Palavra, o próprio Senhor nos mostrará essas coisas e tocará a nossa vida com a sua imensa graça!

Não leia apenas! Ouça o Espírito Santo dando testemunho em seu íntimo e permita que Ele o conduza a uma postura prática, onde somente a voz de Deus seja ouvida em sua vida. Se necessário, leia novamente, com vagar, e deixe que a repetição das mensagens fixe as verdades em seu espírito!

1

A VOZ DE MUITAS ÁGUAS

> *E eis que a glória do Deus de Israel vinha do caminho do oriente; e a sua voz era como a* voz de muitas águas, *e a terra resplandeceu por causa da sua glória.*
>
> Ezequiel 43:2 - ARC

O PROFETA EZEQUIEL ouviu a voz do Senhor, e o seu testemunho com relação a ela foi que ela "era como a *voz de muitas águas*". Mas esta não foi a única ocasião em que ele a ouviu desta forma. Logo no início do seu livro, encontramos o relato de uma visão que o Senhor lhe dera, e nela ele comenta acerca da voz do Senhor:

> *Quando elas iam, eu ouvia o ruído das suas asas, como o ruído de grandes águas, como a voz do Todo-poderoso, o ruído de tumulto como o ruído de um exército; quando paravam, abaixavam as suas asas.*
>
> Ezequiel 1:24 - TB

Vale ressaltarmos a palavra "ruído", ao falarmos sobre a voz do Senhor como a "Voz de Muitas Águas", pois, neste paralelo, a verdade que se deseja transmitir não está necessariamente ligada à água, mas ao "barulho" que ela faz. Além de Ezequiel, também vemos Jeremias dando testemunho sobre isso:

> *Fazendo ele ouvir a sua voz, grande estrondo de águas há nos céus, e sobem os vapores desde o fim da terra; faz os relâmpagos com a chuva e tira o vento dos seus tesouros.*
>
> Jeremias 51:16 - ARC

Tal qual estes dois profetas, o apóstolo João, em seu exílio na Ilha de Patmos, também teve uma profunda experiência com Deus. Ele viu o Senhor ressuscitado e ouviu a sua voz. O seu relato é idêntico aos que já vimos, mostrando-nos que esta é uma característica da voz de Deus:

> *Os pés, semelhantes ao bronze polido, como que refinado numa fornalha; a voz, como voz de muitas águas.*
>
> Apocalipse 1:15

Temos três testemunhos: de Ezequiel, de Jeremias, e de João. A Bíblia diz que pela boca de duas ou três testemunhas toda questão é estabelecida (2Coríntios 13:1). Portanto, isto não é apenas um exemplo, ou uma alegoria, mas é também uma doutrina! Não é um mero detalhe em meio a uma descrição! É uma ênfase!

A voz do Senhor é como a "Voz de Muitas Águas"!

Deus quer que entendamos e vivamos esta verdade! A sua voz em nossa vida deve ser experimentada como a "Voz de Muitas Águas"!

O SIGNIFICADO

Se a expressão "Voz de Muitas Águas" não é apenas uma menção ou um detalhe, mas é também uma ênfase e uma doutrina bíblica, então é de suma importância que compreendamos o significado da terminologia bíblica.

O que é esta "Voz de Muitas Águas"?

Não é o volume de água em si que o exemplo utilizado nas Escrituras enfatiza, pois já vimos que essa expressão aparece ligada a outros termos, como "ruído" e "estrondo". O exemplo, na verdade, está ligado ao "barulho" das águas. Uma pessoa poderia estar à deriva no meio do oceano, vendo apenas água até onde a vista alcança e, mesmo assim, tudo ao redor poderia estar em completo silêncio! Ou seja, não é sobre o volume físico de água que a Bíblia trata, mas sim de sua força sonora. No caso de quedas d'água, como é natural, o aumento do fluxo tende a intensificar o seu som.

Eu creio que o paralelo que Deus propõe é o de quedas d'água, de cachoeiras, de cataratas, ou de qualquer outra coisa que tenha um ruído de águas, como as ondas bravias do mar, por exemplo. Até mesmo as chuvas (tempestades) são apresentadas desta forma neste exemplo bíblico, pois a ideia é ressaltar a intensidade da voz divina.

Quando nos aproximamos de formações naturais, como, por exemplo, das Cataratas do Iguaçu, no Paraná, podemos observar que quanto maior for o volume de água, tanto maior será o ruído que ouviremos. Eu já estive lá algumas vezes, inclusive em minha lua de mel, quando Deus falou comigo sobre essas verdades. É um espetáculo e tanto! Contudo, em Foz do Iguaçu, podemos ouvir o ruído das águas sem que a nossa conversa seja impedida, pois os visitantes não podem aproximar-se muito das cataratas. Podemos até mesmo molhar a roupa do corpo, devido à umidade do ar, mas, mesmo nos pontos turísticos mais próximos das cataratas, ainda não chegamos perto o suficiente para que a nossa voz seja abafada.

Eu também tive o privilégio de conhecer Niagara Falls, entre os E.U.A. e o Canadá, e posso dizer o mesmo sobre esta igualmente famosa queda d'água. Contudo, se formos a uma cachoeira de menor volume de água, com uma queda também menor, e nos colocarmos debaixo dela, ou até mesmo nas proximidades das pedras onde ela cai, poderemos constatar que o seu barulho encobrirá a nossa voz e impedirá até mesmo uma conversa, pois é improvável que consigamos nos ouvir.

O ruído de muitas águas, em outras palavras, é um ruído que *encobre* os outros ruídos. E a voz do Senhor também é assim: ela é uma voz que encobre todas as demais vozes!

E é neste ponto que nos deparamos com um princípio poderoso! Deus quer que a sua voz alcance a nossa vida com tamanha intensidade que cheguemos ao ponto de não mais ouvirmos nenhuma outra voz! Ele quer que a sua Palavra prevaleça sobre toda e qualquer voz deste mundo, a ponto de podermos dizer sobre a nossa vida o que foi dito em Éfeso:

> *Assim, a palavra do Senhor crescia e prevalecia poderosamente.*
>
> Atos 19:20

O que aconteceu nesta cidade da Ásia pode e deveria acontecer conosco! Afinal, não foi na cidade em si que a Palavra cresceu, mas na vida de seus habitantes! E, se isto aconteceu com eles, certamente poderá acontecer conosco também! Quando a Bíblia fala sobre o crescimento da Palavra, ela retrata a maneira pela qual ela cresce na vida das pessoas. À medida que damos mais e mais espaço à Palavra do Senhor, inclinando o nosso coração a ela, experimentamos uma intensidade cada vez maior da sua operação em nossa vida!

Note, no entanto, que a Palavra não apenas crescia, mas ela também prevalecia! E prevalecia sobre o quê? Sobre outras vozes e ruídos! É isto o que significa experimentarmos a voz do Senhor como "Voz de Muitas Águas"! É ouvi-la tão intensa e fortemente que não mais ouvimos nenhuma outra voz!

Por outro lado, há pessoas que experimentam justamente o contrário: são as outras vozes que continuam encobrindo a voz do Senhor na vida delas! Creio que há um fator determinante, que diferencia um grupo do outro. A Palavra de Deus não prevaleceria somente num grupo, e não no outro, sem um motivo específico.

Então, o que determina esta diferença?

A DISTÂNCIA INFLUENCIA

Citei como exemplo de ruído de águas as Cataratas do Iguaçu, onde podemos ouvir o barulho das águas sem que a nossa conversa, no entanto, seja impedida, uma vez que devido à distância, o seu ruído não chega a atrapalhar-nos. E, ao comentar sobre uma catarata barulhenta (mas não o suficiente para encobrir todos os outros ruídos), o meu propósito foi chamar a sua atenção a uma outra verdade: a nossa distância em relação às águas influencia muito!

Ao entrarmos no Parque Nacional do Iguaçu, ainda na estrada para as quedas, não podemos ouvir o ruído das águas, mas, assim que nos aproximamos delas, já é possível ouvirmos o seu ruído. Contudo, até mesmo quando nos encontramos no ponto de observação mais próximo, ainda podemos conversar. Se houvesse, porém, um meio de nos aproximarmos de uma das quedas, a ponto de quase nos colocarmos debaixo dela, então seria impossível conversarmos ou ouvirmos qualquer outro som, pois o barulho das águas prevaleceria sobre todos os demais sons.

Assim também ocorre com a voz de Deus. Se nos aproximarmos da sua Palavra, ela encobrirá as outras vozes. Mas, se nos distanciarmos, poderemos chegar a um ponto em que os outros ruídos encobrirão a Palavra de Deus em nossa vida.

O propósito divino é que estejamos tão próximos da Palavra que ela prevaleça sobre todas as demais vozes, abafando-as por completo.

Não estou me referindo ao quanto você conhece ou lê a Bíblia, mas sim ao quanto você está "perto dela". A quantidade de água não afeta tanto quanto a sua proximidade!

O ruído de muitas águas, em outras palavras, é um ruído que *encobre* os outros ruídos.

E a voz do Senhor também é assim:

ELA É UMA VOZ QUE ENCOBRE TODAS AS DEMAIS VOZES!

Eu já mencionei que em Foz do Iguaçu é possível conversarmos sem que o ruído das águas abafe completamente a nossa voz. Mas, há alguns anos, eu conheci uma pequena cachoeira que conseguiu esta façanha!

Veja bem! Não há como compará-la às Cataratas do Iguaçu, cuja altura e volume de água são incalculavelmente superiores, mas esta pequena cachoeira, localizada no Município de Candói, Paraná, conseguiu abafar a minha voz!

Havíamos realizado um acampamento com os jovens da igreja que eu pastoreava na época e descobrimos, nas proximidades do local do acampamento, a tal cachoeira. Devido ao bom tempo que fazia naquele dia e ao fato de as chuvas abundantes que caíram nos dias anteriores indicarem um lindo espetáculo, dirigimo-nos ao local com um pequeno grupo de jovens.

Ao chegarmos, a maior parte do grupo não conseguiu resistir ao calor e decidiu colocar-se debaixo do véu de água! Foi curioso descobrirmos que, embora ela não parecesse uma cachoeira tão forte, mal conseguíamos ouvir uns aos outros enquanto estávamos debaixo daquela pequena queda d'água (se comparada às Cataratas do Iguaçu)!

A lição que eu aprendi neste dia fez com que eu passasse a citar este episódio como um exemplo. O que faz a diferença não é o volume de água que cai, e sim o quanto estamos próximos a ela!

Em Foz do Iguaçu, o volume de água era muito maior do que o desta pequena cachoeira em Santa Clara, no Município de Candói. Mas, o fato de eu ter me aproximado mais da cachoeira menor fez com que eu atribuísse a ela um ruído maior do que o que eu tenho na lembrança das belas Cataratas do Iguaçu.

Semelhantemente, há crentes que conhecem a Bíblia há muitos anos, e o volume de sua leitura e estudo é semelhante ao das águas do Iguaçu! É muita coisa! Contudo, eles não vivem próximos da Palavra, e ela não é suficiente para abafar as outras vozes na vida deles!

Por outro lado, vemos irmãos que, devido ao pouco tempo de serviço ao Senhor, suas águas (seu conhecimento da Palavra) têm um volume bem menor que o das Cataratas do Iguaçu e só podem ser comparadas a esta pequena cachoeira a que me referi.

No entanto, eles vivem tão próximos da "água da Palavra" que ela é suficiente para prevalecer na vida deles e abafar as outras vozes.

Portanto, não é o fato de estarmos em Foz do Iguaçu ou em Candói que determina esta diferença, e sim a distância em que nos encontramos destas águas!

Se o mais novo na fé, ou a pessoa com o menor conhecimento bíblico, ficar embaixo da sua "cachoeira", e se o mais velho na fé, com o maior conhecimento bíblico, permanecer longe da sua "catarata", na vida de qual deles a voz de Deus falará mais alto?

É óbvio que a voz de Deus falará mais alto na vida dos que estão mais próximos daquilo que possuem! É na vida do que se aproxima mais, e não na vida do que conhece mais!

A voz do Senhor será como "Voz de Muitas Águas", encobrindo as outras vozes e ruídos, quando nos aproximarmos dela!

O QUE É ESTAR PRÓXIMO DAS ÁGUAS

O que significa, então, estarmos próximos das águas?

Não é apenas lermos e conhecermos as Escrituras, mas permitirmos que o Espírito Santo opere em nós através da Palavra. Por exemplo: eu posso ser um profundo conhecedor (e até mesmo um mestre) da fé bíblica. Eu posso dizer às pessoas que as Escrituras dizem isto e aquilo. Contudo, na hora em que eu preciso exercitar a minha própria fé, eu sou vencido pela *voz da dúvida*, ou por outras vozes!

Por outro lado, um novo convertido, que não tenha nenhuma bagagem de conhecimento bíblico tão profunda e nem saiba explicar a fé, pode ler um trecho da Palavra, uma promessa, e permitir que o Espírito Santo opere em seu íntimo, revelando-lhe a Palavra, o que fará com que ela se torne uma "Voz de Muitas Águas" em sua vida! Assim sendo, ele experimentará o poder da Palavra do Senhor abafando a voz da incredulidade e concedendo-lhe a vitória no combate da fé!

Há uma grande diferença entre uma coisa e outra! Não estou dizendo que não há nenhum valor no fato de estudarmos e conhecermos as Escrituras! Pelo contrário, você deve dedicar-se a isto o máximo possível (2Timóteo 2:15)!

Como seria maravilhoso se todos os crentes lutassem contra a ignorância e buscassem cada vez mais a Palavra de Deus! Seria uma verdadeira revolução! No entanto, o que eu quero dizer é que isto somente não basta, nem determina o sucesso da nossa vida cristã! Precisamos conhecer e nos manter próximos da Palavra! Não podemos nos distanciar dela!

"Distanciar-se" não significa "deixar de saber", e sim "deixar de ser sensível, de viver e de experimentar o que conhece". Trata-se de perdermos a nossa consciência espiritual sobre algumas verdades, e, consequentemente, impedirmos que o Espírito Santo continue operando nessas áreas de nossa vida.

Nestes dias, o nosso Pai Celestial está nos convocando a reaproximarmo-nos das suas águas e a permitirmos que elas abafem as outras vozes e ruídos em nossa vida!

DIFERENTES TIPOS DE VOZES

Ao escrever aos coríntios, Paulo nos mostrou, nos capítulos 12 e 14 da sua Primeira Epístola, que Deus é um Deus que fala. Ele diz que já não mais servimos aos ídolos mudos (1Coríntios 12:2), mas ao Deus Vivo, que fala com cada um de nós.

Em seguida, ele cita os dons do Espírito enquanto diferentes meios pelos quais Deus fala conosco. Mas, ao mostrar que podemos ouvir a

Se nos aproximarmos da sua Palavra, ela encobrirá as outras vozes. Mas, se nos distanciarmos, poderemos chegar a um ponto em que os outros ruídos acabarão sendo mais altos que a Palavra de Deus em nossas vidas.

voz do Senhor, ele deixou claro que também é possível ouvir outros tipos de vozes:

> *Há, sem dúvida, muitos tipos de vozes no mundo; nenhum deles, contudo, sem sentido.*
> 1Coríntios 14:10

Lemos que há não somente línguas diferentes, mas também vozes diferentes! Ouvimos muitos tipos de vozes em nossa vida espiritual. O Diabo, o mundo, e a carne, nossos cruéis inimigos, tentarão de todas as formas abafar a voz de Deus em nós, para que possamos dar-lhes os nossos ouvidos.

Mas, se permitirmos que a Palavra de Deus se manifeste como uma "Voz de Muitas Águas", então as demais vozes serão abafadas, e a Palavra do Senhor prevalecerá. Lembre-se, no entanto, que isto não acontecerá pelo volume de água (conhecimento) que possuímos, e sim pela proximidade que mantemos dela.

Há muitos tipos de vozes no mundo. Às vezes, sentimo-nos pressionados a dar ouvidos a uma voz que não se harmoniza com a voz de Deus. Reconhecemos que a voz do Senhor diz o oposto, e sabemos que estamos errando, mas, ainda assim, ficamos tão presos que acabamos persistindo na direção errada. E depois ficamos frustrados, condenamo-nos, lamentamos, e questionamos o motivo pelo qual não ouvimos a Palavra de Deus!

Como é possível sabermos o que o Senhor diz e, ainda assim, fazermos o contrário?

A razão disto é que muitas vezes estamos distantes da Palavra de Deus numa determinada área! Essa é a grande e única verdade com relação ao motivo pelo qual isto ocorre! Se nos aproximarmos do que Deus diz, recebendo a vida e a revelação do Espírito Santo numa certa área, então as outras vozes serão abafadas. Se nos afastarmos da Palavra — e não me refiro à Palavra Escrita em si, mas à Palavra Viva —, as demais vozes se sobressairão.

Que voz tem prevalecido em sua vida?

Examinaremos algumas dessas muitas vozes que costumamos ouvir. Para cada uma delas, o princípio da vitória é sempre o mesmo: voltarmos à Palavra! Não apenas lê-la, mas meditar e permitir que o Espírito da Verdade opere em nosso íntimo, avivando a nossa consciência espiritual!

À medida que falarmos sobre cada tipo de voz, examine a si mesmo e permita que o Senhor fale ao seu coração!

2

A VOZ DA
TENTAÇÃO

SERVIMOS A UM DEUS que fala com cada um de nós. Ele fala principalmente através da sua Palavra escrita, a Bíblia. Ele também fala de diversas outras formas, incluindo a personalizada, individual.

A história da humanidade começa com Adão, o cabeça da raça humana (Atos 17:26). O primeiro homem começou a sua vida ouvindo a Deus. Vemos que o Senhor deu ordens e instruções a Adão, o que significa que ele de fato ouvia a voz de Deus. E Gênesis, o "Livro dos Começos" confirma isso:

> *Quando ouviram a voz do Senhor Deus,*
> *que andava no jardim pela viração do dia...*
>
> Gênesis 3:8a

Adão estava acostumado a ouvir a voz do Senhor. Este relato de Gênesis 3:8 refere-se a um tempo após a sua queda no pecado. Contudo, essa não foi a primeira vez que Adão ouviu a voz de Deus. O Senhor já havia lhe dado algumas orientações antes:

> *Tomou, pois, o Senhor Deus ao homem e o colocou no jardim do Éden para o cultivar e o guardar. E o Senhor Deus lhe deu esta ordem: De toda árvore do jardim comerás livremente, mas da árvore do conhecimento do bem e do mal não comerás; porque, no dia em que dela comeres, certamente morrerás.*
>
> Gênesis 2:15-17

Até mesmo com tamanha comunhão com o Senhor, ouvindo livremente a sua voz e nada mais, o homem foi advertido sobre duas coisas: ele deveria guardar o Jardim (além de cultivá-lo), e não desobedecer a voz divina, para que não morresse!

Quando foi dada a ordem para que ele guardasse o Jardim, Eva ainda não havia sido criada. Não havia nenhum outro ser humano sobre a face da terra! Por que guardar o Jardim então? Porque havia um perigo iminente: um anjo caído, que não conseguiu ser como Deus e que queria destruir a comunhão do homem com o seu Criador, da mesma maneira que ele havia perdido a sua comunhão com Ele. E o Senhor já estava alertando Adão, antes de qualquer outra coisa, sobre o perigo de parar de ouvir a sua voz, para ouvir uma outra voz!

Satanás fez uso de uma serpente, numa possessão animal semelhante à dos demônios que, após serem expulsos do gadareno, entraram numa manada de porcos (Marcos 5:12-13). A manipulação satânica sempre vem disfarçada e opera pelo engano! É exatamente o que eu gostaria de ressaltar aqui.

Esta outra voz, que chegou primeiramente aos ouvidos de Eva, e que também chega aos nossos ouvidos, não chega como uma voz rouca ou cavernosa. A *voz da tentação* vem através dos nossos desejos carnais – às vezes até mesmo na forma de um verdadeiro monólogo, perguntando e respondendo a si mesma!

A TENTAÇÃO QUESTIONA O CARÁTER DE DEUS

A tentação é uma voz! É uma linguagem com um rico vocabulário e uma poderosa argumentação! Ela sempre vem com o propósito de encobrir a voz divina:

> *Mas a serpente, mais sagaz que todos os animais selváticos que o Senhor Deus tinha feito, disse*

> *à mulher: É assim que Deus disse: Não comereis de toda árvore do jardim? Respondeu-lhe a mulher: Do fruto das árvores do jardim podemos comer, mas do fruto da árvore que está no meio do jardim, disse Deus: Dele não comereis, nem tocareis nele, para que não morrais. Então, a serpente disse à mulher: É certo que não morrereis. Porque Deus sabe que no dia em que dele comerdes se vos abrirão os olhos e, como Deus, sereis conhecedores do bem e do mal.*
>
> Gênesis 3:1-5

A tentação questiona abertamente a voz de Deus e praticamente produz em nós um único pensamento: "A coisa não é bem assim como Deus falou! Há muitas coisas maravilhosas que estão sendo tolhidas em sua vida por causa desta proibição!"

Quando chega a nós, a *voz da tentação* é assim: sem rodeios nem voltas! Ela é direta, questiona a veracidade e a motivação do Deus de amor, e o retrata como um tirano, um repressor, que quer esconder as coisas boas de nós. E como se já não bastasse tudo isso, ela sempre vem para tentar convencer-nos que pecar não é tão ruim assim, que é bom conhecermos as coisas como Deus as conhece etc.

No decorrer da sua vida você já deve ter percebido que, juntamente com o desejo que é despertado em nós ao sermos tentados, também surge uma voz cuja procedência nem sequer conseguimos detectar. E, numa fração de segundos, ela faz com que questionemos: "Será que é tão ruim assim? Será que as consequências são assim tão drásticas como Deus falou?"

Muitas vezes não percebemos isto, porque esta parte da tentação, que ocorre em nossa razão, é rapidíssima. A maior parte da tentação ocorre na dimensão dos nossos desejos e sentimentos.

QUANDO CHEGA A NÓS, A *VOZ DA TENTAÇÃO* É ASSIM: SEM RODEIOS NEM VOLTAS! ELA É DIRETA, QUESTIONA A VERACIDADE E A MOTIVAÇÃO DO DEUS DE AMOR, E O RETRATA COMO UM TIRANO, UM REPRESSOR, QUE QUER ESCONDER AS COISAS BOAS DE NÓS.

O que significa um pequenino pensamento diante de uma imensidão de desejos incendiados?

É uma "coisinha de nada", que "sumirá sem deixar vestígios"! É por isso que a tentação sempre começa assim!

FALANDO ATRAVÉS DOS NOSSOS DESEJOS

Se a tentação é uma voz, podemos dizer então que a sua boca é o nosso desejo e a sua língua é a nossa própria carne!

A argumentação da tentação visa despertar em nós o nosso desejo, a nossa concupiscência, pois, assim que isto acontece, é a nossa carne que começa a falar.

Foi exatamente isto o que aconteceu com Eva. Após a argumentação maligna, despertou-se nela o seu desejo, que progrediu pouco a pouco. Em outras palavras, a tentação fala cada vez mais alto, até encobrir a voz de Deus em nosso coração. Observe esta progressão no episódio do Éden:

> *Vendo a mulher que a árvore era boa para se comer, agradável aos olhos e árvore desejável para dar entendimento, tomou-lhe do fruto e comeu e deu também ao marido, e ele comeu.*
>
> Gênesis 3:6

Inicialmente, naquela primeira "espiadinha", a árvore era *"boa"*; outra "olhadinha", e a árvore proibida já havia se transformado em algo "agradável". Logo a sua paixão explodiu, e, neste seu desejo da carne, aquela árvore já havia passado a ser algo "desejável"!

Vemos aqui o mesmo princípio que se aplica à voz de Deus: quanto mais perto estiver, tanto mais a outra voz encobrirá a voz divina; quanto mais longe estiver, menos se sobressairá!

À medida que o homem se aproxima da *voz da tentação*, tanto mais alta ela fica; à medida que se afasta, ela diminui. Se você se aproxima dela, o seu desejo se inflama em sua carne; mas se você se distancia, ele se apaga gradativamente.

Não se esqueça disto! A *voz da tentação* pode ser do Diabo, mas a "boca" que ele usa é a sua carne! Isto me faz lembrar da história daquele homem que viu o Diabo sentado na sarjeta, chorando. Ao questionar o motivo daquilo, o Diabo desabafou:

"São esses crentes! Eles dizem que eu sou o culpado por tudo! Eu até queria que fosse assim, mas muitas vezes, quando eu chego, eles já pecaram!"

Quando a Bíblia chama o Diabo de "Tentador", ela nos mostra que ele não consegue fazer tudo sozinho! Ele precisa do nosso ponto fraco! Sem a nossa cooperação, a tentação não chega ao seu fim. Isto só acontece quando lhe damos espaço, pois os nossos desejos são a "boca" que expressam a sua voz!

Em outras palavras, Satanás incita os nossos desejos, os quais, por sua vez, lhe dão lugar. O Maligno nunca conseguirá nada se não lhe dermos espaço. É por isso que há a advertência "Não deis lugar ao diabo" (Efésios 4:27) nas Escrituras!

O próprio Jesus disse o seguinte com relação a Satanás: "Ele não tem nada em mim" (João 14:30). O Inimigo não podia fazer nada com Jesus, pois Ele nunca permitiu que houvesse qualquer associação entre eles! Jesus foi tentado "em toda sorte de tentação" (Lucas 4:13), ou seja, "em tudo" (Hebreus 4:15). No entanto, Ele foi vitorioso em tudo!

A Epístola de Tiago faz menção da participação dos nossos desejos no processo da tentação:

> *Ninguém, ao ser tentado, diga: Sou tentado por Deus; porque Deus não pode ser tentado pelo mal e ele mesmo a ninguém tenta. Ao contrário,*

> *cada um é tentado pela sua própria cobiça, quando esta o atrai e seduz. Então, a cobiça, depois de haver concebido, dá à luz o pecado; e o pecado, uma vez consumado, gera a morte.*
>
> Tiago 1:13-15

É somente quando os nossos desejos nos atraem e seduzem, e nos mostramos vulneráveis ao mal, que entramos em tentação. Isto significa que se nos dominarmos e refrearmos a nossa cobiça, a tentação morrerá antes de gerar em nós o pecado.

O fato de sermos tentados não é pecado! Jesus também o foi, porém nunca pecou! O simples fato de que o desejo se acendeu em nós não significa que lhe entregaremos o nosso controle. Esta é a hora de lutarmos e dominarmos os nossos desejos!

"Tentação" é a adição de um pequeno e rápido questionamento com relação à voz de Deus com uma enorme parcela de sentimentos que se manifesta por meio do desejo da nossa carne.

Resumindo, é um convite ao que Deus já proibiu! É a voz dos desejos manifestando-se!

COMO VENCER A TENTAÇÃO

Já dissemos que o "convite ao proibido", a tentação, não terá como expressar a sua voz se controlarmos os nossos desejos. Deus afirmou isto quando Caim estava para cair num pecado. A Bíblia mostra que já haviam entrado em seu coração os questionamentos malignos acerca de Deus, o que incitou as suas emoções, aproximando-o do pecado:

> *Então, lhe disse o Senhor: Por que andas irado, e por que descaiu o teu semblante? Se procederes bem, não é certo que serás aceito? Se, todavia,*

O simples fato de que o desejo se acendeu em nós NÃO SIGNIFICA QUE LHE ENTREGAREMOS O NOSSO CONTROLE.

Esta é a hora de lutarmos e dominarmos os nossos desejos!

> *procederes mal, eis que o pecado jaz à porta; o seu desejo será contra ti, mas a ti cumpre dominá-lo.*
>
> Gênesis 4:6,7

Observe que o Senhor falou basicamente três coisas:

1. "Se procederes bem, não é certo que serás aceito?", ou, em outras palavras: "Se você vencer a tentação, você não pecará, e eu o acolherei pela sua obediência."
2. "Se, todavia, procederes mal, eis que o pecado jaz à porta; o seu desejo será contra ti". Aqui Deus está dizendo que a manifestação subsequente à tentação, que é o pecado, aguardava Caim à sua porta. Além disso, o Senhor disse que o desejo de Caim assumiria o controle, caso não fosse dominado. "Tentação" é quando desejamos o que Deus restringiu, e "pecado" é quando este desejo nos domina!
3. "Mas a ti cumpre dominá-lo". A única forma de vencermos a tentação é refreando os nossos desejos. Sem boca, nenhuma voz se manifesta!

E como refreamos os nossos desejos?

Tiago diz que os nossos desejos são uma sedução, um engodo. São um engano, porque partem de uma premissa errada, mentirosa. Eles surgem de uma contestação à voz de Deus. Quando os nossos desejos despertam, instigados pelo engano, temos que desmascará-los com o que Deus diz!

Tomemos a José como exemplo, quando ele estava no Egito. A mulher de Potifar, senhor de José, insinuou-se em seu convívio e o convidou a deitar-se com ela (Gênesis 39:7). Temos aqui um convite ao adultério, uma relação sexual ilícita. Este convite ao proibido, que desperta o desejo do ser humano, deve ser considerado como uma tentação.

José ainda não era casado nessa época, e, ainda solteiro, enfrentou, dia após dia, por um bom tempo, o assédio dessa mulher!

Isto é uma tentação.

E como ele a enfrentou?

> *Aconteceu, depois destas coisas, que a mulher de seu senhor pôs os olhos em José e lhe disse: Deita-te comigo. Ele, porém, recusou e disse à mulher do seu senhor: Tem-me por mordomo o meu senhor e não sabe do que há em casa, pois tudo o que tem me passou ele às minhas mãos. Ele não é maior do que eu nesta casa e nenhuma coisa me vedou, senão a ti, porque és sua mulher; como, pois, cometeria eu tamanha maldade e pecaria contra Deus?*
>
> Gênesis 39:7-9

O homem de Deus desmascarou o engano daquele convite da carne. Não interessava se ele era a pessoa que administrava tudo e que na maior parte do tempo estava na casa e cuidava dela. Independentemente do fato de o marido ser ausente, ou de a mulher não viver satisfeita, a verdade é que ela não lhe pertencia e lhe havia sido especificamente vedada.

Além disso, por mais atrativa que aquela oferta parecesse aos olhos carnais, ela só traria prejuízos. José preferiu lembrar-se que não vale a pena pecarmos contra Deus!

O que, realmente, ele estava fazendo naquela hora?

Afastando-se do desejo que encobriria a voz de Deus em sua vida! Desmascarando o seu engano e aproximando-se da voz de Deus (que confrontava aquela oferta), para que ela abafasse a *voz da tentação*! Este é o caminho da vitória!

QUANDO A TENTAÇÃO PERSISTE

Se as tentações fossem embora logo na primeira resistência, tudo seria tão mais simples! No entanto, o Diabo não desiste tão facilmente assim! Ele é persistente!

Depois de ser vencido no deserto por Jesus Cristo, durante quarenta dias consecutivos, depois de haver usado todo o seu arsenal de tentações, a Bíblia diz que Satanás afastou-se de Jesus até um outro momento oportuno (Lucas 4:13). Isto nos mostra que o Diabo sempre volta!

Com José não foi diferente. Aquela mulher insistiu com ele diariamente, porém não foi bem-sucedida (Gênesis 39:10). Assim sendo, o Diabo intensificou o seu ataque. O que até então se limitou a convites e propostas, passou agora ao nível máximo do assédio: ela tentou agarrá-lo!

> *Sucedeu que, certo dia, veio ele a casa, para atender aos negócios; e ninguém dos de casa se achava presente. Então, ela o pegou pelas vestes e lhe disse: Deita-te comigo; ele, porém, deixando as vestes nas mãos dela, saiu, fugindo para fora.*
>
> Gênesis 39:11-12

Depois do "xeque-mate", José fugiu para fora! Observe que ele não saiu com classe, polidamente, mas saiu correndo! Ele fugiu! Ele largou as suas vestes e saiu sem todas as roupas que ele estava usando!

Ninguém foge de nenhum confronto que não lhe amedronte, ou que não lhe cause um sentimento de fraqueza, incômodo, debilidade! José estava sendo minado através desses convites constantes.

Lembre-se que quando a tentação inflama os nossos desejos, eles se tornam progressivos, como aconteceu com Eva!

O texto diz que não havia mais ninguém naquela casa. Pense a respeito disso! Muitos resistem aos seus desejos com medo dos escândalos posteriores. Eles temem mais aos homens (e aos conceitos que os outros passarão a ter deles) do que a Deus, com o qual o nosso relacionamento será prejudicado.

Se você eliminasse de fato a possibilidade de os outros saberem, será que você não acabaria cedendo? José, no entanto, fugiu! Não daquela mulher, mas da oportunidade! Ele não tinha medo daquela mulher, porque ela não era um bicho. Ela não estava armada e não queria feri-lo ou matá-lo. O fato é que ela somente era um perigo lá dentro daquela casa, e não fora! Foi por isso que ele escapou para fora! Ele não fugiu dela, e sim da casa vazia, da possibilidade de pecar! Ele fugiu do seu próprio desejo; fugiu da *voz da tentação*, que por pouco não abafou completamente a voz de Deus em sua vida! Sim! Ele fugiu para voltar a ouvir o estrondo das águas da voz divina!

Guarde isso! Se o seu confronto com as suas paixões está difícil e parece que você não consegue vencê-las, não perca tempo, nem se arrisque tentando dominá-las! Fuja!

Porque se elas o dominarem, você acabará ficando numa situação terrível! Há momentos em que temos que fugir! José fez isso! Foi exatamente isso o que Paulo aconselhou Timóteo a fazer:

> *Foge também das paixões da mocidade e segue a justiça, a fé, o amor, a paz com aqueles que invocam o Senhor com um coração puro.*
>
> 2Timóteo 2:22 - TB

O apóstolo estava dizendo ao seu filho na fé que quando as paixões, os desejos da carne, chegam com muita intensidade (como na mocidade, por exemplo), então é hora de pararmos de confrontar essas coisas e começarmos a fugir!

Ele está ensinando Timóteo a fugir da *voz da tentação* e a aproximar-se da voz do Senhor, onde todas as outras vozes são abafadas! Este é o único modo de impedirmos que a *voz da tentação* fale mais alto em nossa vida!

3

A VOZ DA
MAIORIA

UMA OUTRA VOZ QUE FREQUENTEMENTE tenta encobrir a voz divina em nossa vida é a que eu intitulo de "voz da maioria". O homem é um ser social e não consegue viver isolado. O próprio Deus o criou assim, para que ele obrigatoriamente dependesse dos outros. Portanto, há algo em comum em todos os seres humanos: o seu comportamento é influenciado pelas opiniões e posturas dos outros. É a sua necessidade de aceitação e integração!

Eu tenho visto, no dia a dia das atividades pastorais, muitas vidas que choram diante de Deus, arrependem-se, e se comprometem a buscá-lo, mas, quando estão no meio das pessoas do seu convívio, diante da "plateia" que as observa diariamente, envergonham-se e mudam totalmente. Não que essas pessoas achem em seu interior que andar com Deus seja algo vergonhoso! Elas desejam isto de fato, ouvem o apelo do Espírito, e sensibilizam-se! Mas o que dirão os seus amigos?

Preocupamo-nos demais com o que os outros dizem a nosso respeito, porque, na verdade, estamos sempre buscando a sua aceitação e a nossa integração em seu meio. E não basta que apenas alguns estejam de acordo! É preciso que seja a maioria!

Há até mesmo um ditado, o qual eu classifico como maligno e nocivo, que diz que "a voz do povo é a voz de Deus". Contudo, isto é uma grande enganação diabólica! Na absoluta maioria das vezes, o que Deus tem a dizer é exatamente o oposto do que dizem as pessoas!

O CASO DE PILATOS

Pilatos ouviu dois tipos de vozes por ocasião do julgamento de Jesus: a voz da advertência divina, que veio através do sonho que a sua esposa teve na noite anterior ao julgamento, e a voz do povo, da maioria. Este é um ótimo exemplo de que a voz do povo não é a voz de Deus!

A primeira voz, da *advertência divina*, veio sem nenhuma pressão ou cobrança. Ela veio apenas como um aviso, um conselho. Ela pode vir através de uma pregação, do testemunho de alguém, de uma leitura bíblica etc. São muitos os meios e maneiras que Deus usa, mas o fato é que Ele envia continuamente a sua advertência a cada um de nós!

A segunda voz que Pilatos ouviu, a "voz da maioria", também nos alcança constantemente. No entanto, diferentemente da advertência divina, ela vem exercendo uma pressão; ela vem com cobranças! "Se o soltares não és amigo de César!" (João 19:12). É como se dissessem: "Você o está reconhecendo como rei?"

Esta voz se manifesta todos os dias – nas casas, nos locais de trabalho, em salas de aula, entre os amigos, em toda parte! Cada vez que alguém tenta de fato ouvir a advertência divina, ela se faz presente em alto e bom tom! Ela não dá sossego a ninguém e nos confronta continuamente! A mentalidade da maioria das pessoas é contrária à Palavra de Deus. Elas até aceitam um pouco de religião, mas ao Evangelho, em sua essência e pureza, com o seu alto nível de compromisso, chamam de fanatismo, de exagero, e de outras coisas parecidas!

Pilatos omitiu-se desde o princípio, para assim não ter que confrontar a opinião pública, segundo a qual Jesus já deveria estar preso mesmo. Mas, ao propor-lhes a liberdade de Jesus, ele não lhes deu muitas opções. As duas únicas alternativas eram Cristo ou Barrabás, um preso famoso, apesar de sua má reputação. Pilatos certamente achava que o senso de justiça do povo, após uma breve comparação, contribuiria para que Jesus finalmente fosse solto. Contudo, o seu plano inicial não deu certo! O tiro saiu pela culatra, e a multidão pediu o "bandido", e não o "mocinho"!

Perplexo, ele tentou consertar a situação e perguntou-lhes uma vez mais, mas a multidão reunida não mudou a sua escolha, nem reconsiderou o assunto. A Bíblia nos mostra que, de uma forma passiva e não ativa, o governador até mesmo tentou livrar a Jesus. Observe a frase: "Então Pilatos, vendo que nada conseguia..." (Mateus 27:24). No entanto, ele se fez de bobo, lavou as suas mãos, jogou a sua responsabilidade e dever como juiz sobre as costas dos outros, e disse que ele era inocente.

Vemos enfim que ele abafou a sua própria consciência e o seu próprio coração, os quais lhe pediam que ele soltasse a Jesus, e também abafou o sonho profético que Deus havia dado à sua mulher, o que era, tanto num caso como no outro, a voz de Deus falando com ele.

Ele não deu ouvidos à voz do Senhor – não porque não quisesse ouvir a Deus, pois ele demonstrava estar perturbado com tudo o que estava acontecendo, mas o fato é que ele permitiu que uma outra voz falasse mais alto que a voz divina. Esta voz foi a *voz da maioria*, uma voz muito forte em toda a existência da humanidade, que ainda grita nos ouvidos emocionais e espirituais de cada um de nós!

CONFRONTANDO A MAIORIA

Amigos! Tenho que ser franco: a maioria não está com Deus e, se você quiser de fato andar com o Senhor, você terá que aprender a confrontar a *voz da maioria* e a andar na "contramão". O Mestre foi muito direto quanto a isto em seu ensino:

> *Entrem pela porta estreita, pois larga é a porta e amplo o caminho que leva à perdição, e são muitos os que entram por ela. Como é estreita*

> *a porta, e apertado o caminho que leva à vida! São poucos os que a encontram.*
>
> Mateus 7:13-14 – NVI

Enquanto a minoria entra pela porta estreita e segue o caminho estreito, os que entram pela porta da perdição e seguem o seu espaçoso caminho são a maioria!

A maioria anda no caminho largo, e, se você depender dela, você estará fora da fé em pouco tempo! Precisamos assumir este entendimento e esta postura: ou andamos com Deus e resistimos à maioria, ou andamos com a maioria e resistimos a Deus!

Pilatos ouviu a voz divina, porém permitiu que ela fosse abafada. Vimos que ele até mesmo lutou para ficar com o que Deus lhe havia dito, mas, no fim, com o aumento do tumulto, ele acabou permitindo que a maioria falasse mais alto!

Se você quiser ouvir a Deus e a sua Palavra, e ser obediente, porém ao mesmo tempo tentar garantir a sua *aceitação* perante as pessoas, saiba que você certamente se perderá no meio do caminho! Ao invés de você experimentar a "Voz de Muitas Águas", que a todas as outras abafa, você acabará ficando com exatamente o oposto! É preciso coragem para confrontarmos a maioria, mas devemos fazê-lo!

Deus conhece a nossa natureza humana, a fraqueza e tendência que há dentro de cada um de nós de seguirmos a opinião coletiva. Por isso Ele deixou clara a sua advertência a este respeito:

> *Não seguirás a multidão para fazeres mal; nem deporás, numa demanda, inclinando-te para a maioria, para torcer o direito.*
>
> Êxodo 23:2

Temos que seguir a voz de Deus! Se a multidão for para o lado errado, então isto será problema dela! Não podemos permitir que sejamos influenciados por nenhuma outra voz que não seja a voz divina. Temos que confrontar a maioria. Se a maioria estiver errada, precisamos deixar bem claro que não pensamos e agimos em função da coletividade, mas do que Deus diz!

Jovens! Não interessa se a maioria da moçada de hoje, até mesmo nas igrejas, acha que eles podem "ficar" com quantas pessoas quiserem! Nós ficamos com a Palavra de Deus e confrontamos essa atitude mundana!

Não importa se a maioria acredita em sexo livre! Nós obedecemos a Bíblia e proclamamos a pureza moral e o sexo no casamento apenas! Não é pelo mero fato de que muitas pessoas se dizem cristãs e frequentam as boates e tomam os seus porres nas madrugadas que entraremos neste mesmo "embalo"! Até mesmo se chamarem os pregadores de caretas e o ensino bíblico de antiquado, fique firme e não arrede o pé! Ouça a voz divina e permita que ela prevaleça em sua vida!

Não procure alcançar ou preservar a sua popularidade entre as pessoas. Não tente ser o mais sociável em sua escola, trabalho, ou onde quer que você esteja. Temos de estar dispostos a jogarmos fora a nossa reputação, se for necessário, para que a Palavra de Deus fale mais alto em nossa vida!

Cristo não disse em momento algum que, se o seguíssemos, viveríamos maravilhosamente bem com todo mundo. Pelo contrário, Ele nos ensinou algo completamente diferente:

> *Não pensem que vim trazer paz à terra; não vim trazer paz, mas espada. Pois eu vim para fazer que o homem fique contra seu pai, a filha contra sua mãe, a nora contra sua sogra; os inimigos do homem serão os da sua própria família. Quem ama seu pai ou sua mãe mais do que a mim não é digno de mim; quem ama seu filho ou sua filha*

Não procure alcançar ou preservar a sua **POPULARIDADE** entre as pessoas. Não tente ser o **MAIS SOCIÁVEL** em sua escola, trabalho, ou onde quer que você esteja. Temos de estar dispostos a jogarmos fora a nossa reputação, se for necessário, **PARA QUE A PALAVRA DE DEUS FALE MAIS ALTO EM NOSSA VIDA!**

> *mais do que a mim não é digno de mim; e quem não toma a sua cruz e não me segue, não é digno de mim. Quem acha a sua vida a perderá, e quem perde a sua vida por minha causa a encontrará.*
>
> Mateus 10:34-39 – NVI

Você já havia pensado nisto? Que Jesus prometeu que os seus inimigos não apenas estariam dentro da sua casa, mas que também *seriam os membros da sua própria família?*

Os nossos próprios familiares estariam contra nós? Por quê?

Porque, ao invés de paz, Ele trouxe a espada!

Mas entenda bem! Estamos nos referindo principalmente aos choques de visão, de conflitos de valores, de prioridades, e de outras coisas, as quais, devido à nossa convicção em Deus, comumente experimentamos em nossos relacionamentos com os que não o conhecem. Estamos falando da sua incompreensão com relação à nossa constância e dedicação à fé, que muitas vezes é rotulada de "fanatismo", "extremismo religioso", e de outras coisas semelhantes. Contudo, se você tem vivido em guerra com os outros porque cada um quer assistir a um diferente canal de televisão, ou porque você não respeita os direitos dos outros e quer orar em voz alta, enquanto eles querem dormir, ou porque você não demonstra amor e sabedoria ao pregar, então não jogue a culpa em Deus!

Como isto é triste! Há crentes que fazem as maiores barbaridades com os seus familiares e depois se questionam porque eles ainda não estão andando com Deus. O seu confronto (em amor) somente deveria ocorrer nos momentos em que você tem que aderir à opinião deles ou ater-se aos absolutos da Bíblia, e não devido a trivialidades. O que temos que ter em mente é que seguir a Jesus significa colocar em risco toda a nossa "popularidade", e isto pode envolver até mesmo os que estão mais próximos de nós: os nossos familiares!

Isto, no entanto, não quer dizer que devemos viver em choque todos os dias com as demais pessoas e suas opiniões, para provarmos que estamos com Deus, e não com a maioria. Haverá confrontos, mas também haverá tréguas. A instrução bíblica é: "Se possível, quanto depender de vós, tende paz com todos os homens" (Romanos 12:18).

O texto "quanto depender de vós", em outras palavras, significa o seguinte: "Faça a sua parte!"

Se fizermos a nossa parte, sendo amorosos, pacientes, perdoadores, compreensivos, poderemos nos relacionar bem com as pessoas. Mas, quando se trata dos valores absolutos da Palavra, quando a voz de Deus se faz ouvir, então temos que permanecer firmes, até mesmo quando todos estiverem contra nós!

Encontramos nas Escrituras vários exemplos negativos de pessoas que deixaram de ouvir a voz de Deus para darem ouvidos à *voz da maioria*.

Na ocasião em que o Senhor deu ordens a Moisés para que os doze espias fossem verificar como era a terra de Canaã, dez deles ficaram impressionados com os gigantes, e o povo acabou permitindo ser levado pela *voz da maioria*, segundo a qual seria impossível eles possuírem a terra. Contudo, dois deles, Josué e Calebe, inspirados por Deus e por sua confiança nele, tentaram animar o povo, trazendo-lhes à memória o fato de que havia sido o próprio Deus que lhes dera aquela terra. Eles ressaltaram que a vitória era certa, mas não foram ouvidos, pois eram a minoria! Assim sendo, o melhor de Deus foi perdido na vida deles!

Não podemos permitir ser levados pela maioria, a menos que ela esteja seguindo a voz do Senhor. Porém, até mesmo dentro da Igreja, nem sempre a maioria está em sintonia com a voz de Deus. Portanto, o que precisamos fazer é aproximarmo-nos cada vez mais da Palavra e dos seus ensinos. Precisamos ler, estudar, e meditar na Bíblia o tempo todo para nos mantermos próximos a ela.

Não seja enganado! Anule a si mesmo, ainda que isto possa implicar em zombarias e rejeições, e fuja do triste fim de Pilatos!

4

A VOZ DA
DÚVIDA

DENTRE AS VOZES CONTRA as quais realmente temos que lutar, eu gostaria de citar agora a *voz da dúvida*. Eu acredito que a incredulidade e a dúvida são duas coisas distintas. Para mim, a incredulidade é mais forte do que a dúvida, que é apenas um combate momentâneo, e não necessariamente um estado contínuo, como a incredulidade.

Todo o nosso relacionamento com Deus baseia-se na fé. A Bíblia diz que "o justo viverá da fé" (Hebreus 10:38). A própria Palavra de Deus é chamada de "palavra da fé" (Romanos 10:8), pois ela é o alimento da fé em nossa vida. Portanto, ouvir a voz de Deus é ouvir a voz da fé e da confiança nas promessas divinas, o que faz da dúvida algo reconhecidamente maligno!

Estamos enfatizando o fato de que é necessário aprendermos a ouvir a voz de Deus, em nosso dia a dia, a ponto de que ela possa encobrir e abafar todas as demais vozes. As Escrituras declaram: "Há muitos tipos de vozes no mundo, e nenhuma é sem significado" (1Coríntios 14:10).

É aí que a *voz da dúvida* se manifesta como um inimigo terrível, que sempre tenta desviar os nossos ouvidos espirituais.

Há uma narrativa bíblica que descreve e resume bem este nosso conflito, e que, portanto, deveria ser observada: a ocasião em que Pedro caminhou sobre as águas:

> *Na quarta vigília da noite, foi Jesus ter com eles, andando por sobre o mar. E os discípulos, ao verem-no andando sobre as águas, ficaram*

> *aterrados e exclamaram: É um fantasma! E, tomados de medo, gritaram. Mas Jesus imediatamente lhes disse: Tende bom ânimo! Sou eu. Não temais! Respondendo-lhe Pedro, disse: Se és tu, Senhor, manda-me ir ter contigo, por sobre as águas. E ele disse: Vem! E Pedro, descendo do barco, andou por sobre as águas e foi ter com Jesus. Reparando, porém, na força do vento, teve medo; e, começando a submergir, gritou: Salva-me, Senhor! E, prontamente, Jesus, estendendo a mão, tomou-o e lhe disse: Homem de pequena fé, por que duvidaste? Subindo ambos para o barco, cessou o vento.*
>
> Mateus 14:25-32

O que aconteceu com o apóstolo Pedro?

Ele pediu uma evidência de que era Jesus, e não um fantasma sobre as águas. Ele fez isto pelo simples fato de que realmente acreditava que o Senhor poderia realizar o que estava lhe pedindo.

Quando Cristo lhe deu uma palavra específica ("Vem!"), ele foi, crendo naquela palavra, e de fato caminhou sobre as águas! E, se a história parasse por aí, teríamos somente um milagre e nada mais! No entanto, quando Pedro desviou os seus olhos de Jesus, para colocá-los nas ondas, o combate da fé se intensificou, e o que vemos então não é somente um milagre, mas também o fato de que é possível até mesmo perdê-lo, se deixarmos de ouvir a voz do Senhor!

Este é um relato de como podemos entrar e sair do sobrenatural de Deus – entramos crendo, e saímos duvidando!

Observe que não é o caso de alguém que foi privado de receber o que Deus tinha, devido à sua falta de fé, mas de alguém que já estava recebendo uma intervenção milagrosa e começou a perdê-la, porque a dúvida conseguiu entrar em seu coração!

Esta também pode ser a minha, ou a sua história, dependendo de que voz estejamos ouvindo.

Nos capítulos anteriores, vimos que cada voz deste mundo tem uma boca pela qual ela fala: *a voz da tentação* fala através dos desejos da carne; *a voz da maioria* fala por meio da nossa necessidade de aceitação; e a *voz da dúvida*, por sua vez, *fala pelas circunstâncias externas que parecem contradizer a Palavra e a possibilidade da intervenção divina.*

O que vale ser observado é como a nossa audição espiritual pode repentinamente entrar numa "frequência" diferente e captar o que não deveria ser captado.

Podemos aprender, com a situação que Pedro viveu, que a base da fé é a Palavra de Deus, e somente ela! Enquanto ele olhou somente para Jesus, e, com as mãos estendidas andou em sua direção, ele estava em conformidade com a operação da fé. Mas, a partir do momento em que ele deixou de ter somente a Palavra de Jesus como base para o que estava acontecendo e entrou na dimensão dos *sentimentos* e *pensamentos*, ele começou a errar!

É aí que nós também erramos e deixamos a dúvida falar mais alto. O evangelista Mateus diz: "Reparando, porém, na força do vento, teve medo" (v. 30), ou seja, quando ele se deixou levar pelo natural e se lembrou que ele não somente estava no lugar errado (em cima da água, ao invés de estar no barco), como também parecia ter escolhido a hora errada (durante uma grande tempestade) para aventuras sobrenaturais, a sua fé foi imediatamente anulada, e o milagre começou a desvanecer-se, pois é assim que os milagres são interrompidos: quando duvidamos!

FÉ OU VISTA?

A dúvida tem o poder de anular até mesmo a operação de Deus em nossa vida. É exatamente por isso que ela deve ser evitada, mantida longe de nós! Para isto, porém, precisamos saber como ela opera, para que não sejamos enredados em seus laços.

A dúvida é o oposto da fé. Se a fé opera como uma convicção do invisível, então a dúvida opera como uma convicção do visível! Logo, podemos descrever o combate entre essas duas coisas como a nossa luta: se daremos atenção ou não ao testemunho das circunstâncias. Paulo falou o seguinte sobre esta batalha:

> *Por isso, não desanimamos; pelo contrário, mesmo que o nosso homem exterior se corrompa, contudo, o nosso homem interior se renova de dia em dia. Porque a nossa leve e momentânea tribulação produz para nós eterno peso de glória, acima de toda comparação, não atentando nós nas coisas que se veem, mas nas que se não veem; porque as que se veem são temporais, e as que se não veem são eternas.*
>
> 2Coríntios 4:16-18

Ele diz que, mesmo que externamente as coisas não pareçam bem (e isto até em nosso próprio corpo), o que interessa é o testemunho interior (de uma contínua renovação). Em seguida, ele afirma que os nossos olhos não devem repousar sobre o testemunho das circunstâncias externas e visíveis, pois são temporais, passageiras. Hoje estão de um jeito, mas amanhã mudarão! Não são permanentes, pois podem ser afetadas e transformadas.

No entanto, as coisas invisíveis, as coisas espirituais (sobre as quais Deus tem falado e nas quais temos crido, mesmo sem vê-las), são imutáveis e eternas! Elas não mudam de um dia para o outro, como o clima, por exemplo. Não! Elas são estáveis e dignas de confiança! É nelas que devemos nos ater com fé, e, à semelhança de Moisés, devemos ficar firmes "como quem vê o invisível" (Hebreus 11:27).

A conclusão de Paulo com relação a essa nossa postura de fé, de ignorarmos as circunstâncias e nos atermos à Palavra, deriva-se da própria natureza da fé, que é "o firme fundamento das coisas que se esperam, e a prova das coisas que não se veem" (Hebreus 11:1). Por isso ele afirma que "andamos por fé, e não por vista" (2Coríntios 5:7). Isto é fé: uma certeza tão absoluta em relação ao invisível que faz com que ignoremos o visível!

Quando Cristo ressuscitou e apareceu aos seus discípulos, Tomé, um dos doze, perdeu a bênção de ver a Jesus por não estar presente naquela reunião. Porque ele faltou eu não sei, mas o fato é que ele realmente perdeu a bênção! Além de ter perdido uma manifestação gloriosa, ele também não creu no que os outros lhe contaram. Quando, porém, o Mestre retornou, foi dada a ele (e a cada um de nós hoje) uma lição de fé:

> *Ora, Tomé, um dos doze, chamado Dídimo, não estava com eles quando veio Jesus. Disseram-lhe, então, os outros discípulos: Vimos o Senhor. Mas ele respondeu: Se eu não vir nas suas mãos o sinal dos cravos, e ali não puser o dedo, e não puser a mão no seu lado, de modo algum acreditarei. Passados oito dias, estavam outra vez ali reunidos os seus discípulos, e Tomé, com eles. Estando as portas trancadas, veio Jesus, pôs-se no meio e disse-lhes: Paz seja convosco! E logo disse a Tomé: Põe aqui o dedo e vê as minhas mãos; chega também a mão e põe-na no meu lado; não sejas incrédulo, mas crente. Respondeu-lhe Tomé: Senhor meu e Deus meu! Disse-lhe Jesus: Porque me viste, creste? Bem-aventurados os que não viram e creram.*
>
> João 20:24-29

A dúvida é o oposto da fé. Se a fé opera como uma convicção do invisível, então a dúvida opera como uma convicção do visível! Logo, podemos descrever o combate entre essas duas coisas como a nossa luta: se daremos atenção ou não ao testemunho das circunstâncias.

Não há nenhuma relação, absolutamente nenhuma, entre a fé e o que vemos. A ordem bíblica é "crer para ver", e não "ver para crer"! A fé tem o poder de introduzir uma realidade espiritual, prometida por Deus, em nossa necessidade imediata. A dúvida, por outro lado, tem o poder de rechaçar um milagre de Deus pelo simples fato de que optamos por uma segurança visível!

Com relação ao que Jesus disse, "Bem-aventurados os que não viram e creram", muitos acham que Ele estava se referindo aos que ouviram que Ele havia ressuscitado, mas não tiveram o privilégio de ter um testemunho ocular disto. Contudo, creram assim mesmo, como é o caso dos cristãos de hoje. No entanto, Cristo foi além disso! Até então quase ninguém sabia que Ele havia ressuscitado, e poucos tiveram o privilégio de exercer esta fé específica em sua ressurreição! Portanto, eu realmente creio que Jesus estava se referindo à fé e aos crentes num sentido genérico.

Creio que o Senhor estava generalizando, falando sobre os que, em toda a história humana, agiram com fé, ou seja, sem ver! Estes são bem-aventurados! E, quando agimos como eles, recebemos a mesma bênção!

Porém, se nos apegarmos ao visível, deixando-nos levar pelos nossos sentimentos ou pela vista, ao invés de termos a convicção de que o que Deus disse é o que realmente importa, então estaremos com problemas!

O nosso objetivo aqui não é fazermos um estudo sobre toda a doutrina da fé (pela necessidade de objetividade). Não posso sequer abordar aqui o que eu chamo de fundamentos principais. Contudo eu posso (e é exatamente este o meu propósito), deixar-lhe um *desafio prático* com relação ao que você tem lutado e buscado em Deus. Quer seja uma cura, um milagre de provisão, um livramento, ou qualquer outra coisa, ouça o que Deus diz sobre estas coisas!

Ouça o que a Palavra diz sobre a sua situação, pois Deus fala sobre a sua vida através da Bíblia! E não ouça somente, mas creia de todo o seu coração, e guarde isto com você!

Não permita que a dúvida fale mais alto e encubra a voz de Deus! Certamente, na mesma área em que você estiver se posicionando, para crer e receber do Senhor, a dúvida tentará entrar! Ela tentará fazer com que você racionalize, que você determine se o agir de Deus é razoável ou não, se não é uma fantasia, se você não está indo longe demais, se Deus realmente operará, se Ele age apenas na vida dos outros, e não na sua etc!

Se você se afastar da Palavra de Deus numa determinada área, ela não mais encobrirá as outras vozes e será apenas mais uma voz! Se você se inclinar para a dúvida e a incerteza, a voz de Deus acabará sendo abafada em sua vida! Assim sendo, não se afaste da Palavra de Deus! Fique com ela! Fale dela o tempo todo! Confesse-a! Medite nela! Ore em relação a ela! E sempre que a dúvida aparecer, resista!

RESISTINDO À DÚVIDA

Muitos comentaristas e pregadores zombam de Pedro porque ele afundou. Contudo, eu duvido que a maioria de nós, se estivéssemos lá, teríamos tido esta mesma coragem! É bem provável que teríamos preferido ficar no barco, como os demais! Enquanto Pedro avançava destemidamente, os outros só ficaram olhando! É verdade que ele começou a submergir e a molhar-se, mas ele andou sobre as águas, e os outros não! Assim que o "chão espiritual" que foi criado sob os seus pés começou a desaparecer com a entrada da dúvida, ele clamou ao Senhor para não perder o milagre! A Bíblia diz que, "começando a submergir, ele clamou: Senhor, salva-me!"

Você sabe o que isto significa?

Que Pedro não afundou por completo!

Quando isto começou a acontecer, ele se deu conta de que estava perdendo a manifestação de Deus devido à sua dúvida. Quando o seu "chão" começou a fragmentar-se e a sumir nas águas escuras, o apóstolo pediu socorro e recusou-se a nadar! Ele era um exímio nadador, pois era um pescador profissional (Mateus 14:30; João 21:3). Ele poderia ter voltado ao barco nadando! O seu pedido de socorro não ocorreu devido ao medo de afogar-se, mas porque ele não queria perder a intervenção sobrenatural de Deus!

É por isso que eu quero homenagear aqui o nosso irmão Pedro, porque ele foi um herói, e não o "vilão" retratado por muitos. Ele começou a afundar, sim, mas pediu socorro, e Jesus o acudiu. E eles dois não voltaram para o barco nadando, mas andando sobre as águas! Ele já havia andado sobre as águas primeiramente em direção a Jesus, e, depois, ele andou de novo até o barco, só que desta vez de mãos dadas com o Mestre!

Isto nos ensina que devemos resistir à dúvida e permanecer firmes na fé. Não somos super-heróis. Falhamos, e isto pode acontecer com qualquer um de nós! Este fato, no entanto, também não é um motivo para nos justificarmos e deixarmos as coisas como estão! Pelo contrário, devemos permitir que Deus nos dê um crescimento e não podemos nos colocar sob a condenação do erro e da culpa, de modo a ficarmos estagnados em nossa vida cristã, como acontece com tantas pessoas!

Se você falhar na fé e perceber que a dúvida está entrando, não se entregue a ela! Lute! Resista à dúvida! Peça socorro ao Senhor, como Pedro o fez, mas não volte nadando ao barco! Pelo fato de que o apóstolo soube resistir à dúvida, a intervenção de Deus não se perdeu completamente e pôde ser restaurada. Da mesma forma, se a *voz da dúvida* começar a falar alto em seus ouvidos, por meio das circunstâncias externas, resista-a e clame pelo socorro de Deus!

Não podemos negar o fato de que Pedro errou, pois o próprio Senhor o corrigiu. Foi bom que ele não perdeu o seu milagre, porque ele resistiu à dúvida, mas ele não precisava ter corrido este risco! Deus também não quer que você corra nenhum risco de duvidar, para depois então você vencer. Ele quer que você ouça somente a voz dele, e jamais a *voz da dúvida*! Ele espera que a voz divina soe tão alto em sua vida que a *voz da dúvida* jamais encontre guarida em seus ouvidos! Este é o plano de Deus, o seu melhor para nós! Contudo, semelhantemente a Pedro, somos todos falhos. Se porventura a dúvida tentar entrar em sua vida e privá-lo do seu milagre, rechace-a e fique firme! Resista, como Pedro resistiu, e atenha-se à Palavra de Deus!

ONDE COLOCAMOS OS NOSSOS OLHOS

Saiba que, em matéria de fé, "ouvir" e "ver" são a mesma coisa! Se os seus olhos estiverem nas circunstâncias, então os seus ouvidos também estarão abertos à dúvida. Por outro lado, se os seus olhos estiverem no que Deus diz, então os seus ouvidos também estarão abertos à fé. No Antigo Testamento, encontramos o relato de um grupo de doze espias que foram enviados por Moisés para examinarem a terra de Canaã:

> *Disse o Senhor a Moisés: Envia homens que espiem a terra de Canaã, que eu hei de dar aos filhos de Israel; de cada tribo de seus pais enviareis um homem, sendo cada qual príncipe entre eles. Enviou-os Moisés do deserto de Parã, segundo o mandado do Senhor; todos aqueles homens eram cabeças dos filhos de Israel.*
>
> Números 13:1-3

O que Deus queria era que eles vissem com seus próprios olhos a terra que Ele havia prometido, para que comprovassem o quão boa ela era. Seu objetivo era fortalecer o coração do povo, encorajando-os em relação à herança que os aguardava.

Contudo, ao invés de se concentrarem na terra, eles ficaram impressionados com os obstáculos que lá havia! Ao invés de se concentrarem no fato de que a terra era realmente boa, começaram a medir o tamanho dos inimigos, as fortalezas em que viviam, a sua habilidade na guerra etc. No entanto, o Senhor não havia pedido nada disso! Eles não teriam que se preocupar com a maneira pela qual venceriam o inimigo, porque Deus já havia dito que eles venceriam, e que Ele mesmo já lhes havia dado aquela terra. O que eles deveriam ter feito era simplesmente provar como aquela terra era realmente boa, e não como parecia extremamente difícil para eles tomarem posse dela!

É interessante como pessoas diferentes podem analisar de uma forma tão distinta uma mesma situação ou circunstância! Foi o que aconteceu com este grupo de doze espias! Enquanto alguns deles viam uma coisa, outros viam algo totalmente diferente, e, consequentemente, o relatório deles foi bem contraditório:

> *Ao cabo de quarenta dias, voltaram de espiar a terra, caminharam e vieram a Moisés, e a Arão, e a toda a congregação dos filhos de Israel no deserto de Parã, a Cades; deram-lhes conta, a eles e a toda a congregação, e mostraram-lhes o fruto da terra. Relataram a Moisés e disseram: Fomos à terra a que nos enviaste; e, verdadeiramente, mana leite e mel; este é o fruto dela. O povo, porém, que habita nessa terra é poderoso, e as cidades, mui grandes e fortificadas; também vimos ali os filhos de Anaque.*
>
> Números 13:25-28

O que estes homens viram e disseram foi: "É! A terra é muito boa, mas..." O problema não estava na terra, e sim no "mas", no que havia na terra, nos obstáculos, nos filhos de Anaque, nos gigantes que teriam que ser vencidos num combate!

Os olhos dos espias viram as dificuldades que eles teriam para entrarem na terra, e não a promessa de Deus. No entanto, havia dois homens entre eles que eram diferentes, pois tinham olhos de fé! Eles viram o que os outros não viram e recusaram-se a focar o quadro que os demais espias estavam focando. Calebe e Josué foram diferentes! Eles tentaram produzir ânimo e fé:

> *Então, Calebe fez calar o povo perante Moisés e disse: Eia! Subamos e possuamos a terra, porque, certamente, prevaleceremos contra ela... E Josué, filho de Num, e Calebe, filho de Jefoné, dentre os que espiaram a terra, rasgaram as suas vestes e falaram a toda a congregação dos filhos de Israel, dizendo: A terra pelo meio da qual passamos a espiar é terra muitíssimo boa. Se o Senhor se agradar de nós, então, nos fará entrar nessa terra e no-la dará, terra que mana leite e mel. Tão-somente não sejais rebeldes contra o Senhor e não temais o povo dessa terra, porquanto, como pão, os podemos devorar; retirou-se deles o seu amparo; o Senhor é conosco; não os temais.*
>
> Números 13:30;14:6-9

Que diferença! Todos aqueles espias eram príncipes e líderes entre o povo; eram guerreiros, com maturidade para este tipo de experiência, mas o seu modo de ver as coisas os diferenciava. Enquanto Josué e Calebe desafiaram os demais a possuírem a terra, os outros dez a *infamaram*:

> *Porém os homens que com ele tinham subido disseram: Não poderemos subir contra aquele povo, porque é mais forte do que nós. E, diante dos filhos de Israel, infamaram a terra que haviam espiado, dizendo: A terra pelo meio da qual passamos a espiar é terra que devora os seus moradores; e todo o povo que vimos nela são homens de grande estatura. Também vimos ali gigantes (os filhos de Anaque são descendentes de gigantes), e éramos, aos nossos próprios olhos, como gafanhotos e assim também o éramos aos seus olhos.*
>
> Números 13:31-33

A terra era a mesma, como também os obstáculos. Contudo, enquanto os dez incrédulos – juntamente com o restante da congregação que os seguiu – ficaram fora da terra, Josué e Calebe, por sua vez, a possuíram! Não foi Deus que determinou esta diferença. Foi a atitude de cada um deles que determinou se herdariam ou não o melhor de Deus para a vida deles! (Números 14:28-31).

Um grupo decidiu ouvir a voz de Deus e ficou com os seus olhos firmados na Palavra. Não interessava se havia gigantes ou fortalezas a ser derrubados. O que interessava é que Deus havia prometido a vitória e que ela viria dele! Por isso os homens de fé disseram que comeriam o inimigo como pão e que a defesa deles já havia se ausentado, *pois o Senhor estava com o seu povo!* É isto o que significa permitirmos que a voz divina prevaleça sobre a *voz da dúvida*!

No entanto, o outro grupo optou pela voz errada. Eles ouviram a *voz da dúvida*, ao invés de ouvirem a voz do Senhor. Permitiram que as circunstâncias e o testemunho visível assumissem o controle. Ao invés de atentarem ao que Deus, que não pode mentir, havia dito, eles ficaram impressionados com o tamanho dos gigantes e das muralhas das fortalezas. Ao invés de verem em Deus a sua força, buscaram-na em si mesmos, e não a encontraram! Assim sendo, eles passaram a ver a si mesmos como gafanhotos, totalmente derrotados, até mesmo antes de se iniciar o combate! É isto o que significa permitirmos que a *voz da dúvida* abafe a voz divina!

É você que decide onde você colocará os seus olhos e os seus ouvidos – na Palavra de Deus ou nas circunstâncias! Se você ouvir apenas a Palavra e impregnar-se dela a ponto de permitir que ela seja a "Voz de Muitas Águas", a dúvida não terá lugar em sua vida. Porém, se você vacilar e permitir que a *voz da dúvida* se levante, você deve resisti-la e voltar à Palavra. Aconteça o que acontecer, volte à Palavra de Deus e atenha-se a ela, pois somente assim você desfrutará do melhor de Deus para a sua vida!

5

A VOZ DA GANÂNCIA

VIVEMOS EM DIAS em que o consumismo manipula as pessoas. O desejo de sermos e termos influencia toda a sociedade. Esta voz tem falado tão alto que chega a encobrir a voz de Deus na vida de muitos cristãos:

> *Os que querem ficar ricos caem em tentação, em armadilhas e em muitos desejos descontrolados e nocivos, que levam os homens a mergulharem na ruína e na destruição, pois o amor ao dinheiro é a raiz de todos os males. Algumas pessoas, por cobiçarem o dinheiro, desviaram-se da fé e se atormentaram com muitos sofrimentos.*
>
> 1Timóteo 6:9-10 – NVI

Dentre todas as consequências, a pior delas é o fato de que as pessoas se desviam da fé! Não há prejuízo maior do que este! A maioria das pessoas não leva em consideração os valores espirituais ao tomarem as suas decisões e ao fazerem os seus planos! Geralmente, o aspecto espiritual é o último a ser considerado – e isto quando chega a ser lembrado!

Vivemos numa sociedade onde a ganância tem falado alto e onde não é preciso muito para sermos afetados: basta permitirmos ser levados pelo padrão da maioria!

A Bíblia fala muito sobre a nossa relação com o dinheiro, ainda que o dinheiro em si não seja o problema, pois o versículo citado declara que é o *amor* ao dinheiro que é a raiz de todos os males! Alguém disse que uma pessoa pode ser milionária, mas não ter amor ao dinheiro, ao passo que uma outra pode ser pobre, porém ser gananciosa. O problema não reside no fato de termos ou não termos dinheiro, mas em como nos comportamos em relação a ele.

Em Salmos 62:10 lemos: "... se as vossas riquezas aumentarem, não ponhais nelas o coração". O que as Escrituras nos ensinam é que não devemos ter o nosso coração no dinheiro, que não devemos ter amor a ele! Não há nada de errado em termos dinheiro. Errado é quando o dinheiro tem a nós!

A ganância é algo terrível, pois é insaciável. Ela não se realiza, nunca alcança os seus alvos, pois estão sempre se renovando! Eu tenho visto esta neurose em muitas pessoas. Quando tinham a televisão de quatorze polegadas, queriam a de vinte; quando compraram a de vinte polegadas, passaram a querer a de vinte e nove. O mesmo acontece com relação aos carros, eletrodomésticos, casas, roupas, e tudo o mais! Isto é algo que não tem a ver apenas com a nossa cultura e economia. É algo ligado à natureza humana!

Portanto, sempre foi e sempre será assim em qualquer lugar! O rei Salomão disse o seguinte com relação a isto:

> *Quem ama o dinheiro jamais dele se farta; e quem ama a abundância nunca se farta da renda; também isto é vaidade.*
>
> Eclesiastes 5:10

Muitos acham que precisam andar na última moda, que sempre precisam ter mais e mais, mas a ganância é perigosa, pois ela pode encobrir a voz do Senhor em nossa vida e fazer com que percamos a nossa fé! A Palavra de Deus declara que muitos chegam à ruína por causa da ganância e da cobiça, transtornando a si mesmos com muitas dores. Atendendo à *voz da ganância*, muitos acabam tão endividados que, além de perderem completamente a paz, a saúde, e a honra, acabam perdendo também a família, a fé, e até mesmo a própria alma!

APRENDENDO O CONTENTAMENTO

A única forma de não sermos envolvidos pela *voz da ganância* é permitirmos que a Palavra de Deus fale mais alto em nosso coração. Ela é a "Voz de Muitas Águas"! Se nos aproximarmos da Palavra de Deus, ela encobrirá as outras vozes!

O que as Escrituras Sagradas mais ensinam no que tange às coisas materiais é que devemos viver com contentamento. O nosso coração não deve ser preso pela ganância, e sim sustentado pelo contentamento:

> *Seja a vossa vida isenta de avareza, contentando-vos com o que tendes; pois ele disse: Não te deixarei, nem te desampararei.*
>
> Hebreus 13:5 – TB

O contentamento é o oposto da ganância, que é insaciável. O contentamento não é apenas um conselho, e sim o padrão que Deus ordena aos seus filhos!

O apóstolo Paulo declarou o seguinte aos crentes de Roma:

> *... não ambicioneis coisas altas, mas acomodai-vos às humildes...*
>
> Romanos 12:16b – ARC

Precisamos permitir que Deus reformule os nossos valores. Temos que ter limites em nossos anseios. Quando queremos desesperadamente

A ganância é algo terrível,
pois é INSACIÁVEL.
Ela não se realiza, NUNCA
ALCANÇA os seus alvos,
pois estão SEMPRE SE
RENOVANDO!

alcançar o que não podemos, isto significa que já entramos no território da ganância!

O contentamento não preenche o nosso coração apenas ao fazermos uma oração com esse propósito. Ele nasce de acordo com um processo de mudança de valores. Esse processo é desencadeado quando começamos a dar ouvidos ao que a Palavra de Deus diz sobre o assunto. A única maneira de calar a *voz da ganância* é nos expondo à "Voz de Muitas Águas". É necessário meditar nas passagens bíblicas que tratam do assunto, memorizá-las, repeti-las sempre. Também precisamos orar a respeito delas, pois o contentamento é algo que aprendemos. Lemos o seguinte na Carta de Paulo aos Filipenses:

> *Não digo isto por causa da necessidade: pois eu da minha parte tenho aprendido a contentar-me com as circunstâncias em que me acho. Sei ainda viver na penúria, e sei também viver na abundância; em tudo e em todas as coisas sei o que é ter fartura e ter fome, ter abundância e padecer necessidade. Tudo posso naquele que me fortalece.*
>
> Filipenses 4:11-13 – TB

Observe que Paulo disse que ele aprendeu a contentar-se! O contentamento é algo que aprendemos, ouvindo a Deus e remodelando valores. O contentamento não está ligado à falta de condições para uma vida digna; não é uma falta contínua, e sim sabermos esperar até que as circunstâncias mudem. O contentamento não significa um comodismo ou falta de sonhos, mas paciência para darmos um passo de cada vez, sempre "do tamanho das nossas pernas". Significa não ambicionarmos coisas altivas, mas acomodarmo-nos às humildes!

Paulo disse que sabia viver tanto na escassez quanto na abundância. Tanto numa circunstância como na outra, precisamos saber como enfrentá-las. Na falta ele se contentava! Na abundância ele também se contentava! O apóstolo dá a entender nesses versículos que ele não era um esbanjador na hora em que havia sobras, nem um murmurador na hora em que as coisas estavam faltando. Precisamos aprender estes princípios a fim de também sabermos como lidar com cada circunstância de nossa vida!

Ao dizer que podia fazer todas as coisas naquele que o fortalecia, Paulo mostrou que ele havia aprendido de Deus o contentamento, e que, na hora do "aperto", era o Senhor que o fortalecia, de modo que ele pudesse suportar as coisas pelas quais estava passando. Na vida desse homem de Deus, a Palavra falava mais alto do que a ganância, abafando-a completamente. E nós também devemos seguir este exemplo!

A dificuldade que temos de nos contentar não surge da impossibilidade de vivermos com menos, mas sim porque não queremos viver com menos; principalmente quando vemos outros vivendo com mais! A inveja sempre caminha de mãos dadas com a ganância! É isso mesmo! Queremos tanto os produtos de última geração pelo simples fato de que todo mundo está comprando, e não queremos ficar para trás! Existe em nossa carne um senso de competitividade e disputa, e sempre procuramos "estar por cima".

A Bíblia diz que o que nos move de maneira gananciosa, em busca da maioria dos nossos alvos, é a inveja:

> *Então, vi que todo trabalho e toda destreza em obras provêm da inveja do homem contra o seu próximo. Também isto é vaidade e correr atrás do vento.*
>
> Eclesiastes 4:4

O contentamento provém do quebrantamento interior e podemos incluí-lo no domínio próprio, que é fruto do Espírito.

Por outro lado, a inveja é uma obra da carne.

Não podemos permitir que este mundo nos guie e determine o que fazemos. Devemos dar ouvidos à Palavra de Deus e andar em obediência a ela.

NO QUE CONSISTE A VIDA

Em certa ocasião, Jesus foi abordado por alguém que lhe pediu ajuda em relação aos seus bens. Embora a resposta de Jesus possa parecer grosseira, ela revela o aborrecimento que lhe causamos com a nossa ganância:

> *Alguém da multidão lhe disse: — Mestre, diz ao meu irmão que divida a herança comigo. Jesus respondeu: — Homem, quem me designou juiz ou árbitro entre vocês? Então, ele lhes disse: — Cuidado! Protejam-se contra todo tipo de ganância, porque a vida de um homem não consiste na quantidade dos seus bens.*
>
> Lucas 12:13-15 – NVI

Este homem teve uma chance preciosíssima de conversar com Jesus e a jogou fora! A partir de então, o Mestre começou a ensinar que a busca do que é material jamais levará o homem à sua realização. Viver para enriquecer é insensatez, pois a vida do homem consiste em ser rico para com Deus!

> *Então lhes contou esta parábola: A terra de certo homem rico produziu muito. Ele pensou*

A DIFICULDADE QUE TEMOS DE NOS CONTENTAR NÃO SURGE DA IMPOSSIBILIDADE DE VIVERMOS COM MENOS, E SIM PORQUE **NÃO QUEREMOS VIVER COM MENOS; PRINCIPALMENTE QUANDO VEMOS OUTROS VIVENDO COM MAIS!** A INVEJA SEMPRE CAMINHA DE MÃOS DADAS COM A GANÂNCIA!

> *consigo mesmo: O que vou fazer? Não tenho onde armazenar minha colheita. Então disse: Já sei o que vou fazer. Vou derrubar os meus celeiros e construir outros maiores, e ali guardarei toda a minha safra e todos os meus bens. E direi a mim mesmo: Você tem grande quantidade de bens, armazenados para muitos anos. Descanse, coma, beba e alegre-se. Contudo, Deus lhe disse: Insensato! Esta mesma noite a sua vida lhe será exigida. Então, quem ficará com o que você preparou?*
>
> Lucas 12:15-20 – NVI

Após esclarecer o que a vida do homem não é, o Senhor Jesus revelou o que, de fato, ela deve ser:

> *Assim acontece com quem guarda para si riquezas, mas não é rico para com Deus.*
>
> Lucas 12:21 – NVI

Ser rico para com Deus! Este deve ser o alvo de cada um de nós! Não podemos permitir que a *voz da ganância* abafe esta verdade em nossa vida. Antes, devemos alimentá-la com a Palavra de Deus. Observe outras coisas que as Escrituras dizem sobre isto:

> *Porque, em tudo, fostes enriquecidos nele, em toda a palavra e em todo o conhecimento... de maneira que não vos falte nenhum dom, aguardando vós a revelação de nosso Senhor Jesus Cristo.*
>
> 1Coríntios 1:5,7

Os coríntios foram enriquecidos nas coisas de Deus! Observe que não estamos falando contra as riquezas, e sim contra a ganância!

Contudo, deve haver em nós um anseio de enriquecermos espiritualmente em Deus!

Quando o Senhor Jesus falou às Igrejas da Ásia por meio do apóstolo João, Ele chamou uma igreja pobre de rica (Apocalipse 2:9), pois ela era espiritualmente rica. No entanto, Ele chamou uma igreja rica de pobre (Apocalipse 3:17), pois, nas coisas de Deus, eles eram miseráveis!

A riqueza espiritual tem que vir antes!

Se o Senhor permitir que tenhamos as duas, amém! Mas se você tiver que escolher entre uma e outra, não vacile! Prefira ser rico para com Deus! Satanás não usa a *voz da ganância* porque ele quer enriquecer-nos materialmente, mas para tentar afastar-nos de Deus!

VALORES

Há valores maiores do que os bens e o dinheiro:

> *Melhor é o pouco com o temor do Senhor, do que um grande tesouro, e com ele a inquietação. Melhor é um prato de hortaliça onde há amor, do que o boi gordo, e com ele o ódio.*
>
> Provérbios 15:16-17

Aqui a Bíblia está se referindo a valores espirituais (o temor do Senhor), como também a valores emocionais, ou familiares (amor, ao invés de ódio). Tudo isso deve vir antes do dinheiro!

Vou repetir: a Bíblia não é contra a riqueza material! Pelo contrário, creio que Deus pode e quer fazer com que prosperemos, mas há uma ordem a ser seguida!

O apóstolo João declarou a Gaio que ele queria que ele fosse próspero e tivesse saúde, "assim como" (ou "da mesma forma que") a sua alma (valores internos) era próspera! O problema da ganância é que ela tenta apressar as coisas e consome o nosso tempo, energia, alvos etc., que deveriam ser do Senhor! A Palavra do Senhor nos mostra que o caminho da espera e da paciência é melhor!

Viver com contentamento não significa acomodarmo-nos de modo a nunca chegarmos a lugar nenhum. Pelo contrário, significa esperarmos com paciência e alegria no Senhor, até que seja possível alcançarmos os nossos alvos! Veja o que Deus diz:

> *As riquezas adquiridas às pressas*
> *diminuir-se-ão; mas aquele que ajunta*
> *pouco a pouco será próspero.*
>
> Provérbios 13:11 – TB

Eu gostaria de trazer agora uma palavra de advertência com relação aos jogos de azar. Não há bênção neste tipo de dinheiro!

Hoje em dia as pessoas se lançam desesperadamente ao jogo para "tentarem a sorte", mas o cristão reconhece que é melhor andar devagar e construir a sua vida com o que Deus lhe dá. Muitos sacrificam o que não têm para jogarem. Milhões fazem a sua "fezinha", que enriquecerá uma única pessoa, mas continuará decepcionando-os!

Não há nenhuma proibição bíblica clara e direta contra os jogos, mas a ética (os valores que a Palavra de Deus nos transmite em seu todo) deveria nos afastar disso!

Rosméri, uma querida irmã de Guarapuava, Paraná, contou-me que, quando se converteu, ela começou a orar fervorosamente para que o Senhor fizesse com que ela ganhasse na loteria. Mesmo sem ter conseguido nada a princípio, ela continuou insistindo, não só no jogo, mas nas orações para poder ganhar.

Viver com contentamento

não significa

ACOMODARMO-NOS

de modo a nunca chegarmos a

lugar nenhum. Pelo contrário,

significa esperarmos com

PACIÊNCIA E

ALEGRIA no Senhor,

até que seja possível

alcançarmos os nossos alvos!

Numa certa ocasião, estando já desanimada e cansada de tanto orar, porém sem ver nada acontecendo, ela desabafou com Deus, dizendo que Ele não ouvia as suas orações. Aí então ela teve uma visão que a marcou muito.

Ela se viu diante de uma grande cachoeira, muito linda. Ela também viu o Senhor Jesus na parte inferior, onde as águas caíam. Em seguida ela viu que Ele começou a escalar as pedras daquela cachoeira. Quando Ele chegou lá em cima, sem entender, ela lhe perguntou:

"Jesus, por que o Senhor escalou as pedras? Num piscar de olhos o Senhor poderia estar lá em cima, pois o Senhor é Deus! Por que subir?"

Então Ele olhou para ela de uma forma muito amorosa e paciente, e respondeu-lhe:

"Subir com os seus próprios esforços é mais gratificante! Experimente!"

Depois que Ele lhe disse isto, a visão cessou, e ela sabia em seu espírito que Deus havia falado com ela sobre a loteria.

A *voz da ganância* lhe diz que você deve jogar em tudo que puder trazer-lhe dinheiro rápido e sem esforço, mas a voz de Deus diz que "o que ajunta pouco a pouco será próspero." Devemos ouvir a voz de Deus e permitir que ela seja a "Voz de Muitas Águas" em nossa vida.

A *voz da ganância* lhe dirá que você não deve entregar os seus dízimos, nem tampouco ofertar. Ela tentará mostrar-lhe o "quanto" você poderia fazer com esse dinheiro.

A voz de Deus, no entanto, diz que devemos dar e fazer prova de Deus, pois Ele é a nossa provisão e sustento. Quem confia no Senhor vê a diferença:

> *Quem confia nas suas riquezas cairá, mas os justos reverdecerão como a folhagem.*
>
> Provérbios 11:28

Já dissemos que a ganância sempre caminha de mãos dadas com a inveja. Agora eu gostaria de mostrar-lhe as consequências da sua decisão de esperar a hora de Deus para você alcançar o que deseja, ou de entregar-se à inveja porque vê outras pessoas tendo as coisas antes de você:

> *O ânimo tranquilo é a vida da carne, mas a inveja é a podridão dos ossos.*
>
> Provérbios 14:30 – TB

Decida dar ouvidos à voz de Deus, e não à *voz da ganância*, e você viverá em paz e alcançará realização pessoal.

Mas, se você fizer a escolha errada e der ouvidos à *voz da ganância*, saiba desde já quais são as consequências. Paulo disse a Timóteo que a cobiça acabou fazendo com que muitos se desviassem da fé e se traspassassem a si mesmos com muitas dores (1Timóteo 6:10). Mas, se você permanecer perto o suficiente da Palavra de Deus para que ela encubra e abafe a *voz da ganância*, você agradará a Deus!

E lembre-se: Deus não é contra o fato de você ter dinheiro, e sim contra a ganância! Se você prosperar, mantenha em seu íntimo os valores certos e em sua proporção correta:

> *Exorta aos ricos do presente século que não sejam orgulhosos, nem depositem a sua esperança na instabilidade da riqueza, mas em Deus, que tudo nos proporciona ricamente para nosso aprazimento; que pratiquem o bem, sejam ricos de boas obras, generosos em dar e prontos a repartir; que acumulem para si mesmos tesouros, sólido fundamento para o futuro, a fim de se apoderarem da verdadeira vida.*
>
> 1Timóteo 6:17-19 - ARC

6

A VOZ DOS
MEXERICOS

Não andarás como mexeriqueiro entre o teu povo; não atentarás contra a vida do teu próximo. Eu sou o Senhor. Não aborrecerás teu irmão no teu íntimo; mas repreenderás o teu próximo e, por causa dele, não levarás sobre ti pecado.

Levítico 19:16-17

A ORDEM DE DEUS É CLARA: ninguém deve andar com mexeriqueiros no meio do povo de Deus. A definição do Dicionário Aurélio para o verbo "mexericar" é: "Narrar em segredo e astuciosamente, com o fim de malquistar, intrigar ou enredar. Andar com mexericos; fazer intrigas." E, na definição de "mexeriqueiro", encontramos o termo "leva-e-traz", ou seja, "fofoqueiro".

A implicação espiritual desta prática não pode ser definida com nenhuma outra palavra, a não ser a palavra "pecado". Mexericar é desobedecer a Deus. Portanto, é pecado e ponto final! Além disso, o versículo seguinte a esta proibição divina nos revela que peca não somente o que faz o mexerico, mas também o que dá ouvidos a ele!

Note a expressão: "não deixarás de repreender o teu próximo, e não levarás sobre ti pecado por causa dele". A Bíblia está dizendo que, quando uma pessoa dá ouvidos ao mexeriqueiro, ela está sendo cúmplice com ele, está levando sobre si um pecado por causa da outra pessoa. A única forma de não pecarmos juntamente com o que traz o mexerico é repreendê-lo e recusarmo-nos a dar-lhe ouvidos.

Eu sempre aconselho o seguinte aos irmãos do rebanho que eu pastoreio: Se alguém vier falar mal de "Fulano", pegue esta pessoa, leve-a até o "Fulano", e peça-lhe para falar as mesmas coisas na frente dele. Se ela aceitar, dê-lhe ouvidos e tente ser um pacificador. Se ela recusar-se a fazê-lo, não a ouça e repreenda-a por estar sendo mexeriqueira.

Infelizmente, a maioria não pratica este princípio, mas os que o fazem têm visto que, ou "ganham" o mexeriqueiro, tirando-o do pecado, ou, no caso de não conseguirem isto, pelo menos não são mais incomodados pelo agir incorreto da outra pessoa.

O mexerico é uma voz maligna, e, infelizmente, ela pode ser encontrada em qualquer igreja.

Os estragos que esta voz tem causado são incalculáveis. Quantas intrigas, divisões, separações, e inimizades são geradas pela língua que destila veneno!

O cristão tem que estar perto o suficiente da Palavra de Deus a fim de abafar esta voz. Não me refiro apenas a vencermos a tentação de pessoalmente mexericarmos. Mais do que isso, refiro-me a nem mesmo darmos ouvidos a um mexeriqueiro! Ainda que você nunca abra a sua boca contra ninguém, mesmo assim você pode pecar, mexericando. Para isso basta você ser cúmplice, dando ouvidos ao que faz intrigas!

Não temos que controlar a vida de ninguém. Se alguém estiver em falha, devemos admoestá-lo, pois isto é um mandamento bíblico:

> *Irmãos, se algum homem chegar a ser surpreendido nalguma ofensa, vós, que sois espirituais, encaminhai o tal com espírito de mansidão, olhando por ti mesmo, para que não sejas também tentado.*
>
> Gálatas 6:1 – ACF

Observe que a Bíblia fala sobre corrigirmos a pessoa – não brigarmos com ela, mas conversarmos com ela, com um espírito de *mansidão*, ou seja, amorosamente! Mas se eu não conversar com a pessoa que falhou, eu não terei o direito de sair por aí, "espalhando" a fraqueza dela com os outros! Se aprendêssemos a orar pelas pessoas a metade do que mexericamos, a Igreja seria outra!

Precisamos reconhecer que o mexerico é instigado por Satanás. Assim sendo, o mexerico não é apenas a voz de uma pessoa que está pecando, mas é também uma voz maligna!

INSTIGADO POR SATANÁS

Ao escrever a Timóteo, Paulo tratou da questão das viúvas, mostrando quando a igreja deveria sustentá-las, e quando deveria rejeitá-las, instruindo-as a casarem-se novamente. Esta última situação estava sendo gerada por dois tipos de problemas, sendo que um deles era o mexerico. Em seguida ele mostra que, por trás do mexerico, encontrava-se o próprio Satanás, instigando-o:

> *Mas rejeita viúvas mais novas, porque, quando se tornam levianas contra Cristo, querem casar-se, tornando-se condenáveis por anularem o seu primeiro compromisso. Além do mais, aprendem também a viver ociosas, andando de casa em casa; e não somente ociosas, mas ainda tagarelas e intrigantes, falando o que não devem. Quero, portanto, que as viúvas mais novas se casem, criem filhos, sejam boas donas de casa e não deem ao adversário ocasião favorável de maledicência. Pois, com efeito, já algumas se desviaram, seguindo a Satanás.*
>
> 1Timóteo 5:11-15

A *voz do mexerico* nunca edifica ninguém! Tampouco produz unidade, harmonia, comunhão, ou amor! Pelo contrário, **ELA É UM INSTRUMENTO DE DIVISÃO, DE MÁGOA, E DE MUITA DOR!**

Por isso Deus a abomina!

Paulo diz que o fato de serem "tagarelas e intrigantes" significa que estão seguindo a Satanás. É óbvio que o Diabo não apareceu pessoalmente a essas mulheres, mandando que fofocassem, mas ele o fez de uma maneira invisível, pois o agir dele é espiritual. Contudo, é ele que está por trás, promovendo o mexerico. Quando alguém segue este caminho, está seguindo a Satanás, pois é ele que instiga a intriga!

Já é tempo de compreendermos a implicação espiritual dos mexericos e não darmos mais lugar ao Diabo!

> *Seis coisas o Senhor aborrece, e a sétima a sua alma abomina: olhos altivos, língua mentirosa, mãos que derramam sangue inocente, coração que trama projetos iníquos, pés que se apressam a correr para o mal, testemunha falsa que profere mentiras e o que semeia contendas entre irmãos.*
>
> Provérbios 6:16-19

Há uma outra versão que diz o seguinte no Versículo 16: "Há seis coisas que o Senhor detesta, e a sétima ele abomina", o que dá um peso ainda maior ao que estamos dizendo, pois a sétima coisa que Salomão cita é "o que semeia contendas entre irmãos."

A *voz do mexerico* nunca edifica ninguém! Tampouco produz unidade, harmonia, comunhão, ou amor! Pelo contrário, ela é um instrumento de divisão, de mágoa, e de muita dor! Por isso Deus a abomina!

Mexericar é pecado; é tornar-se um instrumento de Satanás; é fazer-se abominável a Deus! Além disso, o mexerico mostra uma falta de caráter, de fidelidade ao Senhor e ao Corpo de Cristo!

> *O mexeriqueiro descobre o segredo,*
> *mas o fiel de espírito o encobre.*
>
> Provérbios 11:13

O que vê o seu irmão falhando, e, ao invés de "espalhar" isso com quem quer que encontre, decide guardar silêncio, é chamado de "fiel de espírito". Há uma grande diferença entre um e outro! Precisamos aprender a guardar a nossa língua! Eu cresci ouvindo o meu pai citar o ditado: "Quem muito fala, muito erra!" Isto é bíblico, pois encontramos uma expressão semelhante no Livro de Provérbios, que mostra as consequências do uso abusivo da língua: "O que guarda a sua boca preserva a sua vida; mas o que muito abre seus lábios traz sobre si a ruína" (Provérbios 13:2). Devemos zelar pelo uso correto da nossa língua! Tiago disse que ela pode ser inflamada (ou instigada) pelo inferno (Tiago 3:6).

Ao escrever aos tessalonicenses, o apóstolo Paulo chamou a "intromissão na vida alheia" (e é exatamente isto que é o mexerico) de um andar desordenado:

> *Pois, de fato, estamos informados de que, entre vós, há pessoas que andam desordenadamente, não trabalhando; antes, se intrometem na vida alheia.*
>
> 2Tessalonicenses 3:11

Ficamos tão acostumados com os mexericos, fofocas e intrigas que ainda não tomamos consciência da gravidade deste pecado! Ao escrever a sua Primeira Epístola, o apóstolo Pedro comparou o pecado de intromissão na vida alheia aos "piores" pecados que costumamos citar: homicídio, roubo, e a prática do mal em geral!

> *Que nenhum de vós padeça como homicida, ou ladrão, ou malfeitor, ou como o que se entremete em negócios alheios.*
>
> 1Pedro 4:15 – ARC

Jesus Cristo declarou que prestaremos conta no Dia do Juízo de toda palavra fútil que sair das nossas bocas (Mateus 12:36).

É hora de darmos um basta à *voz do mexerico*! Precisamos nos ater à voz de Deus, que nos adverte a nem mesmo darmos ouvidos aos mexericos, pois isso faria de nós cúmplices!

Ficamos tão ACOSTUMADOS com os mexericos, fofocas e intrigas que ainda não tomamos consciência da GRAVIDADE deste pecado!

7

A VOZ DO DESÂNIMO

O DESÂNIMO TEM O PODER de mexer com todas as nossas convicções. Se não estivermos próximos da Palavra de Deus o suficiente para que ela encubra esta voz em nossa vida, correremos o risco de que aconteça o contrário!

Vários personagens bíblicos enfrentaram este inimigo, e, ao mesmo tempo, nos mostraram como somos vulneráveis a ele. Um exemplo disso é Jó. Veja o que os seus amigos lhe disseram:

> *Se intentar alguém falar-te, enfadar-te-ás? Quem, todavia, poderá conter as palavras? Eis que tens ensinado a muitos e tens fortalecido mãos fracas. As tuas palavras têm sustentado aos que tropeçavam, e os joelhos vacilantes tens fortificado. Mas agora, em chegando a tua vez, tu te enfadas; sendo tu atingido, te perturbas.*
>
> Jó 4:2-5

Este texto nos mostra Jó totalmente desanimado. Ele costumava aconselhar e fortalecer os abatidos e desanimados, até que ele mesmo veio a encontrar-se na mesma condição. Aí então, tudo o que ele próprio havia dito aos outros agora parecia não ter efeito algum em sua própria vida! A *voz do desânimo* estava encobrindo a Palavra de Deus, que sempre havia falado alto em seu coração na hora de aconselhar os abatidos.

Precisamos aprender a nos defender do desânimo e da sua força devastadora. Caso contrário, correremos o risco de, à semelhança de Jó, perdermos a convicção das passagens bíblicas que costumamos usar para edificar os outros, quando a questão é a *nossa* própria edificação!

Precisamos admitir que a *voz do desânimo* pode encobrir a voz de Deus em nosso coração. Devemos tomar cuidado! Foi o que aconteceu ao profeta Elias: depois de ver o fogo de Deus descendo do céu, os profetas de Baal (e de Asera) sendo mortos, o povo prostrando-se e declarando o senhorio de Jeová e a chuva voltando a cair depois de três anos e meio de seca, ainda assim enveredou-se pelo deserto para pedir a sua morte:

> *Ele mesmo, porém, se foi ao deserto, caminho de um dia, e veio, e se assentou debaixo de um zimbro; e pediu para si a morte e disse: Basta; toma agora, ó Senhor, a minha alma, pois não sou melhor do que meus pais.*
>
> 1Reis 19:4

Tanto no caso de Jó, que havia perdido praticamente tudo, como no de Elias, que havia sido ameaçado de morte por Jezabel (1Reis 19:1-2), vemos que a *voz do desânimo* aparentemente chega *quando algo precioso que possuímos parece estar sendo ameaçado!*

Se essa é a entrada da *voz do desânimo*, então precisamos redobrar o nosso cuidado nos momentos de provação. Jesus foi pressionado pelo desânimo e pelo abatimento no Jardim do Getsêmani. A sua alma entristeceu-se até a morte. Contudo, a voz do Senhor falou mais alto em seu coração e Ele seguiu vitorioso! Nessas horas difíceis, também precisamos ouvir a voz do Senhor para não nos entregarmos ao desânimo!

ISOLAMENTO

Quando a *voz do desânimo* se manifesta, ela sempre sugere o isolamento. A primeira reação de Elias, ao fugir de Jezabel e entrar pelo caminho do deserto, foi exatamente esta:

> *... e chegou a Berseba, que pertence a Judá;*
> *e ali deixou o seu moço.*
>
> 1Reis 19:3b

Na hora em que Elias mais precisava do seu moço como companhia, ele se livrou dele. É o que normalmente fazemos nesses momentos de desânimo e de abatimento – nós nos isolamos! O Livro de Provérbios declara que "o solitário busca o seu próprio interesse e insurge-se contra a verdadeira sabedoria" (Provérbios 18:1).

Quando nos unimos e nos ajudamos mutuamente, tornamo-nos mais fortes. Porém, quando nos isolamos, caminhamos para o lado oposto!

Quando o Senhor Jesus Cristo passou por momentos de crise no Getsêmani, uma das coisas que mais o preocupou, além de orar bastante, foi o fato de não ficar sozinho (Mateus 26:40). Quando os seus discípulos adormeciam, Ele os acordava, desafiando-os a orarem juntamente com Ele e a não o deixarem sozinho!

Quando você estiver enfrentando o desânimo e a tentação do isolamento é o momento em que mais deve procurar a ajuda dos irmãos. Ainda que aparentemente eles não estejam se lembrando de você ou estejam insensíveis à sua dor, eles serão um instrumento de edificação para a sua vida!

O isolamento só aumentará o seu abatimento e o introduzirá na autocomiseração. E o pior de tudo é que, além de nos isolarmos, ainda reclamaremos que estamos sozinhos!

Enquanto Elias se queixava com Deus na caverna, ele repetiu duas vezes a seguinte frase: "Só eu fiquei!" Deus, no entanto, declarou-lhe

O isolamento só aumentará o seu abatimento e o introduzirá na AUTOCOMISERAÇÃO.

E o pior de tudo é que, além de nos isolarmos, AINDA RECLAMAREMOS QUE ESTAMOS SOZINHOS!

depois que ainda havia sete mil fiéis, cujos joelhos não haviam se dobrado perante Baal. Muitas vezes achamos que somente nós ficamos firmes nas horas difíceis, mas a verdade é que, pelo fato de nos isolarmos, acabamos não enxergando a fidelidade dos outros!

ENTRANDO NO DESERTO

Quando Elias estava no auge da sua crise, o Senhor perguntou-lhe: "O que você está fazendo aqui, Elias?" Em outras palavras, podemos dizer que o Senhor lhe disse que ele estava fora do seu lugar, que aquela atitude não combinava com o plano de Deus para a sua vida. Embora Elias houvesse ouvido a voz de Deus, ele ainda não estava suficientemente próximo dela para permitir que ela encobrisse a *voz do desânimo* em sua vida. Ele ouviu Deus chamando-o e questionando a razão pela qual ele estava ali, mas a sua resposta estava carregada de desânimo, revelando qual voz estava falando mais alto em seu coração naquele momento:

> *Ele respondeu: Tenho sido zeloso pelo Senhor, Deus dos Exércitos, porque os filhos de Israel deixaram a tua aliança, derribaram os teus altares e mataram os teus profetas à espada; e eu fiquei só, e procuram tirar-me a vida.*
>
> 1Reis 19:10

Deus, no entanto, não disse mais nada a Elias na caverna, a não ser chamá-lo para fora! Há uma figura espiritual aqui. Deus não joga o nosso "joguinho emocional"! Não adianta ouvirmos a sua voz na caverna e ficarmos nos defendendo e nos consumindo em autocomiseração!

Deus espera de nós uma atitude neste momento. Ele deixa bem claro qual é o passo necessário ao chamar o profeta para fora: "E ele lhe disse: Sai para fora e põe-te neste monte perante a face do Senhor" (1Reis 19:11a – ARC). Deus não nos chamou para vivermos no vale, deprimidos e entristecidos, mas para vivermos nos montes, nos lugares altos! Habacuque declarou que Deus faz os nossos pés como os da corça. Ele faz com que andemos em nossos lugares altos (Habacuque 3:19).

Não podemos nos entregar às circunstâncias e permitir que elas nos desanimem! Somos chamados para vivermos acima delas!

O que Deus estava dizendo a Elias era o seguinte: "Pare de choramingar e de rastejar! Eu reconheço a sua dor, pois estive ao seu lado até agora! Chegou a hora de você levantar a sua cabeça! Saia deste buraco e venha para o monte, para os lugares altos que eu tenho para você!"

O SIMPLES E O EXTRAORDINÁRIO

Quando o Senhor chamou Elias para fora, algo aconteceu:

> *Disse-lhe Deus: Sai e põe-te neste monte perante o Senhor. Eis que passava o Senhor; e um grande e forte vento fendia os montes e despedaçava as penhas diante do Senhor, porém o Senhor não estava no vento; depois do vento, um terremoto, mas o Senhor não estava no terremoto; depois do terremoto, um fogo, mas o Senhor não estava no fogo; e, depois do fogo, um cicio tranquilo e suave. Ouvindo-o Elias, envolveu o rosto no seu manto e, saindo, pôs-se à entrada da caverna. Eis que lhe veio uma voz e lhe disse: Que fazes aqui, Elias?*
>
> 1Reis 19:11-13

Há uma tendência em todos nós de esperarmos que Deus fale conosco de uma forma espetacular. Eu descobri que, nestes momentos de crise, o que mais necessitamos é ouvir a voz mansa e suave de Deus.

Muitas vezes nos inclinamos a achar que sempre que Deus se move há um agito e um barulho. Para sairmos de uma crise de desânimo prolongado, achamos que precisamos ver um anjo de Deus, mas isto não é verdade! Elias viu duas vezes o anjo que o acordou, para que ele comesse, mas isto não mudou em nada o seu desânimo!

O nosso conceito é errôneo, e, muitas vezes, deixamos de experimentar a ação de Deus porque só esperamos o extraordinário, e não o simples! Deus não estava no vento, não estava no terremoto, tampouco estava no fogo! No entanto, Ele estava naquela voz mansa e suave, naquele som divino que trazia cura à alma de Elias!

Muitos deixam de provar o mover de Deus quando se recusam a entender que Ele também age de maneira simples, e não somente de um modo extraordinário. Quando Jesus passou pelo tanque de Betesda, havia uma multidão de doentes e enfermos naquele local, mas somente um deles foi curado. Aquele era o lugar em que Jesus poderia ter feito muitas coisas, mas Ele curou somente um enfermo!

Por quê?

Porque, enquanto ficavam olhando para cima, esperando a hora em que o anjo desceria para agitar as águas, quase todos os enfermos não perceberam que aquele que cura estava andando no meio deles de uma forma simples!

Quando Naamã, o leproso, foi ao encontro de Eliseu, o profeta, em busca da sua cura, algo semelhante aconteceu. Eliseu sequer saiu ao encontro dele. Ele simplesmente mandou que o seu servo lhe dissesse para mergulhar sete vezes no Rio Jordão, para que a cura ocorresse.

Naamã indignou-se porque o profeta sequer veio ao seu encontro. Assim sendo, ele externou as suas expectativas, dizendo: “Eu esperava que ele viesse até mim, pusesse a sua mão no lugar da lepra, invocasse o nome do seu Deus, e assim eu seria curado! Mas não! Ele mandou que eu me banhasse num rio de águas barrentas, enquanto os rios da minha terra são bem melhores!". Em seguida ele decidiu ir embora sem fazer o que havia sido instruído a fazer.

Contudo, um dos seus servos, com sabedoria, aproximou-se e disse-lhe: "Meu senhor, se o homem de Deus lhe pedisse uma coisa difícil, o senhor não o faria?". Diante da resposta afirmativa, acrescentou: "Então por que não fazer a fácil?". Então Naamã entendeu que Deus age não só de uma maneira extraordinária! Ele aceitou o simples e foi curado!

Precisamos entender que Deus não chacoalha o mundo para tirar-nos da caverna do desânimo. Ele nos chama para fora e fala ao nosso coração de uma maneira simples e mansa. Para encobrir a *voz do desânimo*, a voz do Senhor não precisa ser estrondosa. Os nossos ouvidos é que precisam querer ouvir a sua voz. Precisamos tomar uma decisão de sairmos da caverna e nos colocarmos diante do Senhor. Só Ele pode curar o nosso coração ferido pelo abatimento.

Elias havia fugido do plano divino, mas a partir do momento em que ele voltou a ouvir a voz de Deus dando as direções para os seus passos ministeriais, a *voz do desânimo* começou a ser abafada em sua alma!

Eu creio que se Elias não tivesse se isolado, talvez o seu servo (que também tinha uma unção profética, pois era um discípulo seu) poderia ter sido um canal de Deus em sua vida. Quando o desânimo chega, não devemos fugir, nem nos esconder, mas reagir, buscando a voz do Senhor, até que ela soe mais alto em todos os aspectos de nossa vida!

8

A VOZ DO
PRECONCEITO

TODOS TEMOS DIFICULDADES em sermos absolutamente imparciais – até mesmo como homens e mulheres de Deus!

A Bíblia nos conta uma história interessante, que revela como a *voz do preconceito* fala alto em nossa vida, às vezes até mais alto do que a própria Palavra de Deus!

> *No dia seguinte, indo eles de caminho e estando já perto da cidade, subiu Pedro ao eirado, por volta da hora sexta, a fim de orar. Estando com fome, quis comer; mas, enquanto lhe preparavam a comida, sobreveio-lhe um êxtase; então, viu o céu aberto e descendo um objeto como se fosse um grande lençol, o qual era baixado à terra pelas quatro pontas, contendo toda sorte de quadrúpedes, répteis da terra e aves do céu. E ouviu-se uma voz que se dirigia a ele: Levanta-te, Pedro! Mata e come. Mas Pedro replicou: De modo nenhum, Senhor! Porque jamais comi coisa alguma comum e imunda. Segunda vez, a voz lhe falou: Ao que Deus purificou não consideres comum. Sucedeu isto por três vezes, e, logo, aquele objeto foi recolhido ao céu.*
>
> Atos 10:9-16

É até engraçado pensarmos no que aconteceu ao apóstolo Pedro nesta ocasião. Ele estava orando, e Deus lhe deu uma visão. Não foi uma experiência qualquer. Foi o que as Escrituras chamam de "êxtase" ou "arrebatamento". Nesta experiência, o Senhor falou de uma forma contundente com Pedro.

Na verdade, Deus deu a Pedro uma ordem clara. Ele deveria matar os animais que se encontravam no lençol para comê-los. É neste ponto que ocorre o choque. Por três vezes seguidas Deus lhe ordenou que ele os comesse, mas a sua resposta foi sempre negativa: "De jeito nenhum, Senhor!"

Por que Pedro não aceitou obedecer ao que Deus estava lhe ordenando?

Por pura religiosidade!

No Antigo Testamento, Deus deu instruções sobre quais animais eles poderiam comer ou não. Era uma questão de pureza diante de Deus.

Pedro cresceu abstendo-se do que a lei mosaica o proibia de comer. No entanto, o problema não eram os animais em si, mas o que eles significavam ao judeu: a impureza!

Quando Deus afirmou que Ele já havia purificado aqueles animais e que Pedro não poderia considerá-los imundos, de nada adiantou! O apóstolo havia desenvolvido um preconceito que falava mais alto do que a obediência! Já não era mais uma questão de obedecer ou agradar a Deus, pois, naquela visão, ele estava desobedecendo e refutando ao Senhor!

O fato é que aqueles animais tornaram-se um símbolo de algo negativo, e ainda que não significassem mais a quebra de um mandamento de Deus, aquela imagem negativa já havia sido assimilada pelas pessoas!

É isto que é um preconceito – um conceito que foi estabelecido de antemão e que não se dobra diante de argumentos, pois é sustentado por tradições e/ou dogmas.

Isso acontece muito em nossos dias. Devido ao fato de que muitos ladrões que são presos são procedentes de bairros pobres, presume--se que haja uma ligação entre pobreza e roubo, e a sociedade passa a ter um preconceito com relação a muitos pobres honestos. Ainda que os princípios em questão sejam outros, formou-se uma visão sobre o assunto, que dificilmente será mudada na mente de alguns.

Isto é algo ridículo, que somente expõe a nossa imaturidade! O fato, no entanto, é que agimos assim, e muito! Nos dias de Jesus, também agiram assim com relação a Ele:

> *Filipe encontrou a Natanael e disse-lhe: Achamos aquele de quem Moisés escreveu na lei, e a quem se referiram os profetas: Jesus, o Nazareno, filho de José. Perguntou-lhe Natanael: De Nazaré pode sair alguma coisa boa? Respondeu-lhe Filipe: Vem e vê.*
>
> João 1:45-46

Naquela época, muitos achavam impossível que alguém de Nazaré pudesse ser uma pessoa boa. Jesus também carregou o estigma de ser galileu:

> *Nicodemos, um deles, que antes fora ter com Jesus, perguntou-lhes: Acaso, a nossa lei julga um homem, sem primeiro ouvi-lo e saber o que ele fez? Responderam eles: Dar-se-á o caso de que também tu és da Galileia? Examina e verás que da Galileia não se levanta profeta.*
>
> João 7:50-52

Nas questões espirituais, temos a tendência de carregar a nossa bagagem de valores e compará-la com tudo que aparece pela frente!

IMPEDIMENTO AO AVANÇO DO REINO DE DEUS

O caso de Pedro retrata bem isso. Deus usou um preconceito natural que o apóstolo tinha para revelar-lhe um preconceito espiritual que o impediria de ser usado pelo próprio Deus na execução dos seus propósitos:

> *Enquanto Pedro estava perplexo sobre qual seria o significado da visão, eis que os homens enviados da parte de Cornélio, tendo perguntado pela casa de Simão, pararam junto à porta; e, chamando, indagavam se estava ali hospedado Simão, por sobrenome Pedro. Enquanto meditava Pedro acerca da visão, disse-lhe o Espírito: Estão aí dois homens que te procuram; levanta-te, pois, desce e vai com eles, nada duvidando; porque eu os enviei.*
>
> Atos 10:17-20

As Escrituras registram que, enquanto Pedro estava tentando entender o significado daquela visão, o Senhor o admoestou a seguir os homens que haviam chegado, sem duvidar de nada.

Por que a ênfase em não duvidar?

Porque Deus sabia o quão alto falaria o preconceito de Pedro! Os judeus não se misturavam com os gentios, e o Pai Celestial queria alcançá-los com o Evangelho. Contudo, vemos que o apóstolo entendeu a mensagem do alto pela forma como ele iniciou a sua pregação na casa de Cornélio:

> *Falando com ele, entrou, encontrando muitos reunidos ali, a quem se dirigiu, dizendo: Vós bem*

> *sabeis que é proibido a um judeu ajuntar-se ou mesmo aproximar-se a alguém de outra raça; mas Deus me demonstrou que a nenhum homem considerasse comum ou imundo; por isso, uma vez chamado, vim sem vacilar. Pergunto, pois: por que razão me mandastes chamar?*
>
> Atos 10:27-29

A Bíblia nos relata que esta foi uma experiência maravilhosa para Pedro e para os que estavam reunidos naquela casa. O pregador sequer havia feito o apelo, quando o Espírito Santo o interrompeu e batizou de forma gloriosa aquelas vidas!

No entanto, eu me pergunto: o que teria acontecido se Pedro tivesse permitido que o seu preconceito falasse mais alto em sua vida?

Ele teria impedido que o Reino de Deus avançasse! Penso que muitos de nós temos agido várias vezes de forma semelhante. Achamos que Deus só age do "jeitinho" que fomos ensinados! Que Ele é nosso, e de ninguém mais!

Por exemplo, se um evangélico ouve um testemunho de uma intervenção de Deus na vida de um católico, já pensa de primeira mão: "Não é possível! Deus não poderia estar agindo lá no meio deles!". Não estou advogando nada, nem ninguém, pois isso já aconteceu comigo também!

Devido a ensinamentos diretos e indiretos, explícitos e implícitos, alguns crentes de determinadas denominações são levados a achar que o Espírito Santo é somente deles! Pelo fato de que temos discordâncias (e juntamente com elas preconceitos), não conseguimos aceitar algumas coisas que Deus faz.

Temos tentado há muito tempo colocar o Senhor dentro de uma "caixinha"! Fico feliz que isto não seja possível! Todavia, perdemos muito do nosso tempo e do progresso do Reino de Deus devido aos nossos preconceitos!

Temos tentado há muito tempo colocar o Senhor dentro de uma "caixinha"! Fico feliz que isto não seja possível! Todavia, perdemos muito do nosso tempo e do progresso do Reino de Deus devido aos nossos preconceitos!

DEIXANDO DE SE IMPORTAR COM O IMPORTANTE

O preconceito faz com que não nos importemos com o que é importante, desviando a nossa atenção às coisas de menor importância.

Quando Jesus passou por Samaria e os seus discípulos foram buscar comida, Ele se deparou com uma mulher ao lado do poço e começou a ministrar a ela. Quando os seus discípulos voltaram, ficaram escandalizados devido ao seu preconceito:

> *Neste ponto, chegaram os seus discípulos e se admiraram de que estivesse falando com uma mulher; todavia, nenhum lhe disse: Que perguntas? Ou: Por que falas com ela?*
>
> João 4:27

A necessidade daquela mulher e dos que seriam alcançados posteriormente não era tão importante para os discípulos quanto o fato de Jesus ter quebrado o protocolo, conversando com uma mulher, a qual, além de tudo, ainda era samaritana!

Em outra ocasião, os discípulos queriam consumir pelo fogo uma aldeia inteira de samaritanos, pelo mero fato de que eles não os receberam:

> *E aconteceu que, ao se completarem os dias em que devia ele ser assunto ao céu, manifestou, no semblante, a intrépida resolução de ir para Jerusalém e enviou mensageiros que o antecedessem. Indo eles, entraram numa aldeia de samaritanos para lhe preparar pousada. Mas não o receberam, porque o aspecto dele era de*

> *quem, decisivamente, ia para Jerusalém. Vendo isto, os discípulos Tiago e João perguntaram: Senhor, queres que mandemos descer fogo do céu para os consumir? Jesus, porém, voltando-se os repreendeu e disse: Vós não sabeis de que espírito sois. Pois o Filho do Homem não veio para destruir as almas dos homens, mas para salvá-las. E seguiram para outra aldeia.*
>
> Lucas 9:51-56

Jesus os repreendeu, mostrando o que é realmente importante: a salvação das almas! Contudo, o preconceito pode turvar a nossa visão e impedir o cumprimento dos sublimes propósitos do Reino de Deus!

É preciso quebrarmos alguns tabus sem fundamentos no meio evangélico, mas eu não gostaria de dar a impressão de que eu esteja falando apenas disto! O preconceito atinge não somente aos que estampam abertamente a sua ignorância, mas também a todos – em medidas variadas, mas atinge!

Se o preconceito estava enrustido no coração de Pedro, que era um homem de Deus respeitadíssimo, então não podemos dizer que não temos este problema também! Somos de carne e ossos, como qualquer outra pessoa!

Não há nenhum problema em admitirmos que somos preconceituosos! O problema é não estarmos próximos o suficiente da voz de Deus (como Pedro estava) para que ela possa encobrir a *voz do preconceito*!

9

A VOZ DO
MEDO

A FRASE "NÃO TEMAS!" aparece trezentos e sessenta e cinco vezes na Bíblia, o equivalente a uma frase por dia, no prazo de um ano! Alguém ainda disse que, se procurarmos com calma, talvez encontremos mais uma dessas frases para o ano bissexto!

Por que Deus falaria tanto sobre isso nas Sagradas Escrituras?

Creio que é porque certamente temos um problema nessa área e porque Deus deseja que vençamos o medo!

Pior do que as circunstâncias difíceis do lado de fora (que nos amedrontam) é termos um coração perturbado do lado de dentro! Até mesmo antes que as circunstâncias se resolvam externamente, é preciso que haja paz e tranquilidade em nosso interior! Caso contrário, sequer conseguiremos lutar da forma devida:

> *Se te mostrares frouxo no dia da angústia,*
> *a tua força será pequena.*
>
> Provérbios 24:10 – ARC

Quando você se encontra em meio a lutas e adversidades, o seu verdadeiro problema não é o que acontece à sua volta, e sim a maneira pela qual você é afetado em seu íntimo. A instrução bíblica nunca está voltada ao aspecto exterior, e sim à maneira pela qual devemos reagir internamente.

Observe o que Jesus Cristo ensinou com relação a isto:

> *Estas coisas vos tenho dito para que tenhais paz em mim. No mundo, passais por aflições; mas tende bom ânimo; eu venci o mundo.*
>
> João 16:33

Ao falar sobre as aflições que enfrentaríamos, Jesus deixou bem claro qual era a sua vontade: que tivéssemos bom ânimo e paz nele! Muitos crentes se desesperam para resolverem os seus problemas e perdem de vista a verdade de que a única coisa que realmente ajuda na hora da adversidade é mantermos o bom ânimo e a paz!

A nossa força não vem de fora; não vem das circunstâncias! A nossa força vem de dentro!

> *Porque assim diz o Senhor Deus, o Santo de Israel: Em vos converterdes e em sossegardes, está a vossa salvação; na tranquilidade e na confiança, a vossa força, mas não o quisestes.*
>
> Isaías 30:15

Aleluia! Na tranquilidade e na confiança está a nossa força! Ouvi, numa certa ocasião, o irmão Dave Roberson afirmando que a paz de Deus em nosso íntimo é uma das maiores armas que temos contra o Diabo e contra as circunstâncias. E eu acredito nisto!

A nossa força vem de um coração tranquilo, que não se abate diante dos problemas! Em contrapartida, os nossos temores e receios são o que nos roubam a vitória divina disponibilizada para nós!

PROBLEMAS INTERNOS

Quando nos enchemos de temor, preocupação, e receio não somente deixamos de resolver os problemas que já temos, mas também acabamos criando outros problemas piores!

Os temores nos ferem por dentro no mínimo na mesma proporção em que os problemas nos ferem por fora! O apóstolo Paulo falou sobre isto num momento em que ele estava passando por uma grande luta:

> *Porque, chegando nós à Macedônia, nenhum alívio tivemos; pelo contrário, em tudo fomos atribulados: lutas por fora, temores por dentro.*
> 2Coríntios 7:5

Ele afirmou que havia lutas do lado de fora, como também temores do lado de dentro. O medo e a preocupação são aliados dos nossos inimigos externos. Se permitirmos que eles entrem, minarão as nossas forças e nos conduzirão à derrota!

No Antigo Testamento, Deus chamou esta parceria (do medo que fere por dentro com o problema que fere por fora) de uma maldição que viria sobre todos os que se rebelam contra Ele:

> *Por fora, devastará a espada, e, por dentro, o pavor...*
> Deuteronômio 32:25a

O Diabo tem se aproveitado de muitos crentes que, além de sofrerem com as circunstâncias, ainda entretêm uma série de sentimentos negativos, como o medo, a preocupação, a ansiedade, a angústia etc. Eles acabam sendo devastados por dentro, assim como as circunstâncias os devastam por fora!

O profeta Jeremias mostra este mesmo desabafo:

> *Olha, Senhor, porque estou angustiada; turbada está a minha alma, o meu coração, transtornado dentro de mim, porque*

> *gravemente me rebelei; fora, a espada mata os filhos; em casa, anda a morte.*
>
> Lamentações 1:20

Ele usa as expressões "alma turbada", "angústia", "coração transtornado". Você reconhece estes sentimentos?

Por fim ele admite que o que entrou no íntimo das pessoas foi mais do que esses sentimentos apenas! Foi a morte!

Há várias passagens no Antigo Testamento em que vemos que os medrosos eram dispensados da guerra. Alguém com medo em seu coração às vezes torna-se mais perigoso no lado de dentro do que o inimigo no lado de fora! O medo tem o poder de roubar a nossa força e a nossa capacidade de vencermos!

O MEDO NOS IMPEDE DE SERVIRMOS A DEUS

Se dermos ouvidos à *voz do medo*, talvez não sejamos mais úteis ao nosso Senhor. Uma das parábolas que Jesus contou, a Parábola dos Talentos, reflete bem isto.

Os dois primeiros servos aos quais o Senhor confiou os talentos produziram com eles, e, portanto, foram elogiados e recompensados. Houve, no entanto, um servo que não produziu nada! Ele perdeu a sua chance e a possibilidade de aumentar os ganhos do seu senhor. E houve um único fator que contribuiu para isso:

> *Chegando, por fim, o que recebera um talento, disse: Senhor, sabendo que és homem severo, que ceifas onde não semeaste e ajuntas onde não espalhaste, receoso, escondi na terra o teu talento; aqui tens o que é teu.*
>
> Mateus 25:24-25

Note que o que o impediu de trabalhar foi o medo: "... atemorizado fui esconder teu talento...". Muitas pessoas têm medo de Deus – não de uma forma direta, mas indireta!

Há pessoas que não fazem nada para Deus com medo de fazer errado! Sentem-se incapazes quando o próprio Deus já encontrou nelas capacidade para confiar-lhes o que lhes confiou. Todavia, acabam não fazendo nada!

Isto, além de roubar-lhes a realização de alcançarem o propósito da sua existência, os mantém numa condição de desobediência, a qual, por sua vez, os levará a juízo! Esta mensagem é clara na Parábola dos Talentos!

O MEDO É UMA FÉ NEGATIVA

O que é a fé?

De acordo com Hebreus 11:1, a fé é a convicção das coisas (boas) que não vemos, e a certeza das coisas (boas) que esperamos.

Por outro lado, quando o medo de algo (que forçosamente é negativo – senão não haveria medo) torna-se uma convicção e uma certeza, então entramos num caminho em que receberemos aquilo em que acreditamos, até mesmo se for algo ruim!

As pessoas que têm a certeza de que algo ruim lhes sobrevirá estão exercendo uma fé ao contrário, mas estão exercendo fé, e alcançarão aquilo em que creem!

O medo caminha de mãos dadas com a dúvida e faz com que pareçamos pequenos e impotentes, até mesmo diante de situações solucionáveis!

Além disso, devemos nos lembrar que as situações que não têm uma solução natural podem ter uma intervenção sobrenatural!

Há pessoas que não fazem nada para Deus com medo de fazer errado! Sentem-se incapazes quando o próprio Deus já encontrou nelas capacidade para confiar-lhes o que lhes confiou.

Todavia, acabam não fazendo nada!

PODE SER UM ESPÍRITO

Eu não quero afirmar aqui que todas as situações de medo são idênticas, mas, muitas vezes, o medo é um espírito maligno atormentando alguém. A Bíblia chega a chamar o medo de "espírito":

> *Porque Deus não nos deu o espírito de temor, mas de fortaleza, e de amor, e de moderação.*
>
> 2Timóteo 1:7 – ARC

A conclusão a que podemos chegar ao percebermos que o Diabo comanda espíritos que atuam diretamente na área do medo é que isto é algo muito importante para ele em suas manobras contra a nossa vida, além de ser malignamente perigoso para nós!

A voz de Deus afasta o medo. É por isso que Deus usa tanto em sua Palavra a frase "Não temas!". Por outro lado, quando nos afastamos da voz de Deus e permitimos que o Inimigo fale, ainda que por meio das circunstâncias, somos roubados de coisas valiosas em nossa caminhada de fé!

A MENSAGEM QUE O MEDO TRAZ

O grande mal causado pelo medo não é o sentimento desagradável que ele produz no momento em que estamos conscientes dele.

O verdadeiro problema é a mensagem que há por trás deste sentimento! É uma mensagem de derrota, de incapacidade, da ausência do cuidado ou da proteção divina, de abandono!

O medo é uma contradição às promessas bíblicas; não se harmoniza com a Palavra de Deus – antes nos mantém fora da sua esfera de ação e de influência!

O medo é uma contradição às promessas bíblicas; NÃO SE HARMONIZA COM A PALAVRA DE DEUS — antes nos mantém fora da sua esfera de ação e de influência!

Uma particularidade sobre o Diabo e a sua forma de investir contra os crentes em geral é apresentada a nós na Primeira Carta de Pedro:

> *Sede sóbrios e vigilantes. O diabo, vosso adversário, anda em derredor, como leão que ruge procurando alguém para devorar; resisti-lhe firmes na fé, certos de que sofrimentos iguais aos vossos estão se cumprindo na vossa irmandade espalhada pelo mundo.*
>
> 1Pedro 5:8-9

A Bíblia diz que o nosso Adversário "ruge como um leão, buscando a quem possa devorar." Há algo precioso a ser entendido nesta afirmação bíblica quando a comparamos com uma outra que se refere ao procedimento comum de um leão qualquer. Em Amós, lemos o seguinte:

> *Rugirá o leão no bosque, sem que tenha presa? Levantará o leãozinho no covil a sua voz, se nada tiver apanhado?*
>
> Amós 3:4

O que a Bíblia está nos dizendo aqui é que um leão nunca ruge antes de ter a sua presa. Caso contrário, a mesma poderia escapar antes do bote. Eu fico fascinado ao assistir aos documentários sobre animais nos canais de televisão. Eu vejo como os leões caçam com astúcia e discrição.

Contudo, depois de já terem capturado a sua presa, eles rugem, como uma forma de celebrarem a caçada.

Portanto, quando a Bíblia diz que o Diabo ruge antes de nos pegar, ela está falando de um rugido mentiroso, amedrontador. Satanás tenta convencer-nos que ele já nos caçou, quando isto ainda não aconteceu!

Por quê?

Porque ele quer prender-nos por meio do medo, para depois poder devorar-nos! Não podemos dar ouvidos à mensagem que o medo sugere!

O medo é uma certeza da derrota, quando ela sequer aconteceu!

Precisamos aprender a interromper esta voz maligna, e a melhor forma de fazê-lo é conservando-nos sob a influência e a autoridade da Palavra de Deus! Ela é a "Voz de Muitas Águas" e é tremendamente eficaz no sentido de abafar a *voz do medo* em nossa vida!

10

A VOZ DO COMODISMO

A *VOZ DO COMODISMO* tem falado muito alto na vida dos crentes dos nossos dias. Esta voz não é tão estridente. É bem sutil e manifesta-se principalmente através das circunstâncias.

Em toda a Escritura e ao longo da História, vemos muitos que se distraíram e se prenderam às suas próprias necessidades de conforto e de descanso.

Por outro lado, vemos também pessoas como o patriarca Abraão, alguém digno de ser chamado de "Pai da Fé"! Ele abriu mão de todo o conforto e segurança que ele tinha ao lado dos seus familiares e em sua cidade natal para seguir a voz de Deus.

Isso nos mostra que é possível permitirmos que Deus fale mais alto! Basta permanecermos "junto às águas"!

NOS DIAS DE AGEU

Vemos nos dias do profeta Ageu que o povo que havia voltado do cativeiro babilônico encontrava-se sem disposição alguma de reedificar o Templo do Senhor.

Eles davam desculpas com relação à sua responsabilidade, mas, ao mesmo tempo, edificavam as suas próprias casas para o seu próprio conforto. Deus, porém, protestou contra isto:

> *Assim fala o Senhor dos Exércitos: Este povo diz: Não veio ainda o tempo, o tempo em que a*

> *Casa do Senhor deve ser edificada. Veio, pois, a palavra do Senhor, por intermédio do profeta Ageu, dizendo: Acaso é tempo de habitardes vós em casas apaineladas, enquanto esta casa permanece em ruínas?*
>
> Ageu 1:2-4

Muitos passam a vida toda pensando unicamente em si mesmos, sem se disporem a fazer nada para Deus. Trabalham pelo seu conforto e fazem tudo para ficarem tranquilos, mas não conseguem se dispor para servirem a Deus.

Muitas vezes não entendemos que, enquanto estamos correndo atrás das nossas próprias coisas, o Senhor está esperando algo diferente de nós. Foi o que Deus disse ao seu povo por meio do profeta Ageu:

> *Subi ao monte, trazei madeira e edificai a casa; dela me agradarei e serei glorificado, diz o Senhor.*
>
> Ageu 1:8

Contudo, o nosso Pai amoroso sabe como corrigir-nos. Ele certamente fará isto, se for preciso, pois Ele anseia que tenhamos o melhor. Foi exatamente o que Ele fez naqueles dias! Isso fica bem claro pelas suas palavras ao povo:

> *Agora, pois, considerai tudo o que está acontecendo desde aquele dia. Antes de pordes pedra sobre pedra no templo do Senhor, antes daquele tempo, alguém vinha a um monte de vinte medidas, e havia somente dez; vinha ao lagar para tirar cinquenta, e havia somente*

> *vinte. Eu vos feri com queimaduras, e com ferrugem, e com saraiva, em toda a obra das vossas mãos; e não houve, entre vós, quem voltasse para mim, diz o Senhor. Considerai, eu vos rogo, desde este dia em diante, desde o vigésimo quarto dia do mês nono, desde o dia em que se fundou o templo do Senhor, considerai nestas coisas. Já não há semente no celeiro. Além disso, a videira, a figueira, a romeira e a oliveira não têm dado os seus frutos; mas, desde este dia, vos abençoarei.*
>
> Ageu 2:15-19

O comodismo fala muito forte através das circunstâncias em que nos enredamos. Deus, por outro lado, para libertar-nos das amarras desta voz, sempre fala também por meio das circunstâncias. Foi assim com os israelitas e é assim também conosco.

Há muitos que estão presos ao materialismo e não querem abrir mão do seu conforto. Há também aqueles cujo conforto não repousa em algo assim tão fútil e reprovável. Contudo, eles chegam até mesmo a confundir-nos, pois prendem-se somente aos cultos e aos momentos de busca do Senhor, mas acabam não fazendo nada para Deus! Eles têm horas e horas de oração e de adoração acumuladas, mas não ganham almas para Jesus, não fazem nada por ninguém! Isso também é errado!

Precisamos nos desprender totalmente de tudo e de todos para podermos agradar ao Senhor e servi-lo com um coração ardente!

FAZER TENDAS É MAIS CONFORTÁVEL

Como já dissemos, muitas vezes nos acomodamos na presença de Deus sem acharmos que isto seja errado, uma vez que a nossa motivação é

Muitas vezes não entendemos

que, enquanto estamos correndo

atrás das nossas próprias coisas,

o Senhor está

esperando algo

diferente de nós.

estarmos com Ele. Eu tenho visto muitos crentes que só querem estar na "glória", onde se manifesta "a nuvem da presença do Senhor", mas nunca querem sair e "pôr a mão na massa"!

Eu acredito que é importante estarmos com o Senhor e que quanto mais investirmos nisso, melhores serão os resultados obtidos em nosso ministério. Todavia, entre esse anseio pela presença de Deus e acharmos que nunca precisamos fazer nada há uma enorme diferença!

Eu tenho aprendido muito com um texto específico que nos mostra este princípio:

> *Seis dias depois, tomou Jesus consigo a Pedro e aos irmãos Tiago e João e os levou, em particular, a um alto monte. E foi transfigurado diante deles; o seu rosto resplandecia como o sol, e as suas vestes tornaram-se brancas como a luz. E eis que lhes apareceram Moisés e Elias, falando com ele. Então, disse Pedro a Jesus: Senhor, bom é estarmos aqui; se queres, farei aqui três tendas; uma será tua, outra para Moisés, outra para Elias. Falava ele ainda, quando uma nuvem luminosa os envolveu; e eis, vindo da nuvem, uma voz que dizia: Este é o meu Filho amado, em quem me comprazo; a ele ouvi. Ouvindo-a os discípulos, caíram de bruços, tomados de grande medo. Aproximando-se deles, tocou-lhes Jesus, dizendo: Erguei-vos e não temais! Então, eles, levantando os olhos, a ninguém viram, senão Jesus.*
>
> Mateus 17:1-8

Pedro não queria descer daquele monte por nada deste mundo! Depois de ver a manifestação da glória de Deus, ele simplesmente pediu permissão a Jesus para construir três tendas. Obviamente uma delas seria para Jesus, uma para Moisés, e a outra para Elias.

E com relação a Pedro e aos demais apóstolos?

Eles ficariam ao relento mesmo, pois o importante era o fato de estarem lá, no lugar em que a glória do Senhor se manifestava!

Assim são muitos cristãos. O seu comodismo não é fruto do materialismo, mas de um “excesso de espiritualidade”! Isto também nos impede de ouvirmos e obedecermos à voz do Senhor, que sempre proclama o “ide”!

Jesus não aceitou a proposta de Pedro, no sentido de ficarem acampados lá no alto do monte. Você sabe o por quê?

Porque havia um pai com um filho endemoninhado e mais uma multidão de necessitados lá embaixo, ao pé do monte! Todos eles precisavam ser alcançados por Deus!

Para alguns pode até parecer um sacrilégio, mas precisamos saber a hora de deixarmos um pouco a presença manifesta, perceptível, e gloriosa do Senhor, para trabalharmos para Ele!

Jesus fez isso! Paulo escreveu o seguinte sobre esta atitude de Jesus:

> *Tende em vós o mesmo sentimento que houve também em Cristo Jesus, pois ele, subsistindo em forma de Deus, não julgou como usurpação o ser igual a Deus; antes, a si mesmo se esvaziou, assumindo a forma de servo, tornando-se em semelhança de homens; e, reconhecido em figura humana, a si mesmo se humilhou, tornando-se obediente até à morte e morte de cruz.*
>
> Filipenses 2:5-8

Ele deixou a glória celestial para vir a nós! Semelhantemente, nós também somos desafiados a termos em nós esta mesma atitude que houve em Cristo Jesus! Eu sou grato a Deus pela restauração da adoração, da comunhão, e da intimidade com o Senhor que eu tenho visto nas igrejas de um modo geral, mas não podemos nos distrair, permanecendo somente na oração, na adoração e na unção!

Deus está chamando a sua Igreja para o lado de fora, para que ela arregace as mangas e frutifique! É hora de trabalharmos, de servirmos ao Senhor com todo o nosso coração!

FOI PRECISO UMA PERSEGUIÇÃO

Jesus havia ordenado que a sua Igreja pregasse o Evangelho, não somente em Jerusalém, mas também na Judeia, Samaria, e até aos confins da terra (Atos 1:8).

Contudo, eles não saíram de Jerusalém – talvez porque estivessem em meio a um grande derramamento do Espírito, em meio a um avivamento, ou talvez porque simplesmente fosse mais cômodo para eles permanecerem lá!

Mas assim como a *voz da comodidade* fala por meio das circunstâncias para tentar adormecer os filhos de Deus, assim também o Senhor tem os seus meios de despertar-nos e fazer com que ouçamos uma vez mais a sua voz intervindo nas circunstâncias!

Observe o que aconteceu:

> *E Saulo consentia na sua morte. Naquele dia, levantou-se grande perseguição contra a igreja em Jerusalém; e todos, exceto os apóstolos, foram dispersos pelas regiões da Judeia e Samaria.*
>
> Atos 8:1

Muitas vezes colhemos circunstâncias desagradáveis por não estarmos andando de acordo com a vontade de Deus. Às vezes precisamos ser chacoalhados pelo Senhor, e Ele sabe muito bem como fazer isso!

Muitas vezes colhemos circunstâncias desagradáveis por não estarmos andando de acordo com a vontade de Deus. Às vezes precisamos ser **chacoalhados pelo Senhor,** e Ele sabe muito bem como fazer isso!

Essa é a sua forma de falar conosco nessas horas! Aparentemente Ele escolhe agir assim, para que as coisas abaláveis sejam removidas, e as inabaláveis permaneçam.

OS ABALOS DE DEUS

O autor da Epístola aos Hebreus foi divinamente inspirado para falar sobre isso:

> *Tende cuidado, não recuseis ao que fala. Pois, se não escaparam aqueles que recusaram ouvir quem, divinamente, os advertia sobre a terra, muito menos nós, os que nos desviamos daquele que dos céus nos adverte, aquele, cuja voz abalou, então, a terra; agora, porém, ele promete, dizendo: Ainda uma vez por todas, farei abalar não só a terra, mas também o céu. Ora, esta palavra: Ainda uma vez por todas significa a remoção dessas coisas abaladas, como tinham sido feitas, para que as coisas que não são abaladas permaneçam. Por isso, recebendo nós um reino inabalável, retenhamos a graça, pela qual sirvamos a Deus de modo agradável, com reverência e santo temor; porque o nosso Deus é fogo consumidor.*
>
> Hebreus 12:25-29

Vemos que a rebeldia dos que não dão ouvidos à voz divina será repreendida com abalos.

Note que não estamos falando de Deus recompensando a nossa fidelidade com abalos, mas dos que rejeitam a voz de Deus, ou seja,

Se o comodismo o ensurdeceu à voz divina, o Pai Celestial fará sinais para você por meio das circunstâncias. O importante é que você lhe dê ouvidos e permita que a sua vida seja moldada novamente de acordo com o que Ele diz!

a sua Palavra. Isto não se refere aos incrédulos, mas aos cristãos que não estão dando ouvidos à Palavra de Deus em *determinadas áreas de sua vida!*

O tratamento e a correção de Deus em nossa vida são nas áreas em que ainda não estamos correspondendo com o que Ele diz em sua Palavra; são nas áreas da nossa vida cristã e do nosso caráter em que necessitamos ser trabalhados. É justamente para isso que os abalos vêm!

O Senhor fala claramente que Ele trará os seus abalos. Na verdade, Ele promete que os trará! É de se esperar que Ele cumpra a sua promessa, pois Ele é fiel! O texto fala de abalos sísmicos, de tremores de terra produzidos por terremotos. Eu nunca vi pessoalmente um terremoto (e jamais gostaria de ver um), mas o que vi pela televisão e por fotografias foi o suficiente para assustar-me. As pessoas ficam completamente indefesas; o governo e as autoridades nada podem fazer! Tudo o que podemos fazer num terremoto, além de tentar preservar as nossa vida, é esperarmos que ele passe para vermos o que é possível ser reaproveitado depois.

Quando os abalos de Deus chegam a nossa vida, eles são semelhantes a um terremoto! Não há o que fazer! Nenhum pastor pode orar e vê-lo passar imediatamente – tampouco a própria pessoa! Tudo o que podemos fazer é tentar salvar-nos, não deixando que o Diabo nos desanime a ponto de fazer com que desistamos, e esperar que o terremoto passe, para vermos o que sobrou e o que terá que ser reconstruído!

É nessas horas que precisamos mais do que nunca estar próximos da voz do Senhor!

Se Deus precisou chacoalhar a sua vida, Ele já não está mais falando, e sim "gritando" com você! Se o comodismo o ensurdeceu à voz divina, o Pai Celestial fará sinais para você por meio das circunstâncias. O importante é que você lhe dê ouvidos e permita que a sua vida seja moldada novamente de acordo com o que Ele diz!

Que o Senhor lhe dê graça e que você caminhe sempre sob a influência e a direção da sua voz! E que esta voz seja a "Voz de Muitas Águas" em sua vida também!

Que ela possa encobrir todas as demais vozes em sua vida!

CONCLUSÃO

AO LONGO DESTAS PÁGINAS, caminhamos juntos por uma verdade incontestável: a realidade de que existem muitas vozes tentando ecoar em nosso coração — a voz da tentação, da maioria, da dúvida, da ganância, dos mexericos, do desânimo, do preconceito, do medo e do comodismo. Todas elas competem com a única voz que verdadeiramente deveria conduzir nossa vida: a VOZ DE MUITAS ÁGUAS, a voz do Senhor.

Desde o primeiro capítulo, fomos lembrados de que essa voz — como o estrondo de grandes cachoeiras — é poderosa, inconfundível e capaz de abafar todas as outras, desde que estejamos suficientemente próximos dela. A chave não está na quantidade de conhecimento bíblico que temos, mas na *proximidade* que mantemos com a Palavra viva. É possível estar imerso em informações e, ainda assim, viver distante do som da voz de Deus. E, ao mesmo tempo, é possível que alguém com pouco tempo de caminhada com Cristo, mas com o coração aberto e rendido, ouça essa voz de forma clara e transformadora.

Com confiança na direção do Espírito Santo, creio ter cumprido minha missão ao escrever estas linhas: alertar você, meu irmão e minha irmã em Cristo, de que não é o ruído do mundo que precisa ser silenciado — é o volume da voz do Senhor que precisa ser aumentado em nosso interior. Quando nos aproximamos das "águas" da Palavra, quando nos posicionamos debaixo da sua cascata viva e poderosa, os sussurros da tentação, os clamores da maioria, os cochichos da dúvida e os apelos da carne tornam-se inaudíveis. A Palavra cresce, e mais do que isso, *prevalece*.

Você pode até se lembrar de situações em que a dúvida falou mais alto. Pode ter dado ouvidos à voz da maioria ou mesmo cedido à tentação. Mas não escrevi estas linhas para condenar você, e sim para chamar você de volta à fonte, para lembrar você de que a voz do Senhor ainda ressoa, ainda ecoa como o rugir de muitas águas — e ainda deseja prevalecer sobre todas as outras.

Voltar-se para a Palavra, meditar nela, não apenas em busca de informação, mas de *transformação*, é o caminho. Proximidade gera discernimento, discernimento gera obediência, e a obediência faz com que a voz de Deus se torne a referência máxima para cada decisão, pensamento e direção da nossa vida.

O desejo de Deus é que a sua voz seja o som dominante em nosso interior. Que o "estrondo das águas" apague o ruído da ansiedade. Que a força das suas promessas cale o medo. Que a doçura de suas palavras afaste a dureza dos julgamentos humanos. Que o som da sua verdade nos livre das mentiras que por vezes acreditamos.

E agora, ao fechar este livro, não feche o coração. Não trate estas palavras como mais um conteúdo lido, mas como um convite do Espírito Santo à prática. Permita-se viver debaixo da cachoeira da Palavra. Permita-se ouvir com mais clareza aquele que ainda fala com *voz de muitas águas*.

Senhor, cuja voz ressoa como o estrondo de muitas águas, nós nos colocamos diante de ti com temor e tremor. Quantas vozes têm ecoado em nosso coração! Vozes que tentam nos afastar de ti, que lançam dúvida, medo, desânimo e confusão. Mas hoje, mais uma vez, escolhemos nos aproximar das tuas águas vivas. Ajuda-nos a silenciar o mundo interior, para que a tua voz prevaleça. Que a tua Palavra não seja apenas conhecida, mas experimentada, vivida, desejada. Que ela cresça em nós e abafe todo ruído que não vem de ti. Ensina-nos a fugir das vozes sedutoras da tentação, a resistir aos apelos da maioria, a confrontar o comodismo e o medo, e a discernir, com clareza, a voz do teu Espírito. Coloca-nos bem debaixo da tua cachoeira — onde a tua voz é a única que se ouve, onde a tua vontade é a única que importa e onde a tua glória enche tudo. Como as águas que correm poderosamente sobre as pedras, que a tua Palavra corra em nosso ser, moldando nosso caráter, lavando nossas impurezas e conduzindo-nos para mais perto de ti. Fala, Senhor! Fala com a tua voz de muitas águas! E dá-nos ouvidos para ouvir e um coração para obedecer. Em nome de Jesus, amém.

Que esse não seja só o ponto final de uma leitura, mas o primeiro passo de uma jornada em que a *Voz de Muitas Águas* embale nossos passos como uma canção que nos leva, dia após dia, mais perto da Cidade Celestial, onde, enfim, veremos face a face o Dono dessa voz tremenda!

A VOZ QUE NOS FAZ PENSAR E REFLETIR

(PERGUNTAS DE RECAPITULAÇÃO)

As perguntas ao final de cada capítulo foram pensadas para ajudar você a refletir com mais profundidade sobre o que leu e aplicar essas verdades no seu dia a dia. Você pode respondê-las sozinho, como parte do seu tempo devocional, em dupla — no contexto de discipulado — ou em grupo, compartilhando experiências e aprendizados. O importante é não deixar passar esse momento de crescimento. Aceite o convite e aproveite bem cada pergunta!

CAPÍTULO 1 • A VOZ DE MUITAS ÁGUAS

1. O que significa, na prática, ouvir a voz de Deus como "voz de muitas águas"?

2. Por que a comparação bíblica se concentra no som das águas e não na quantidade?

3. Você tem vivido perto o suficiente da Palavra a ponto de ela abafar outras vozes em sua vida?

4. Já experimentou situações em que uma pequena porção da Palavra, bem aplicada, teve mais impacto do que muito conhecimento acumulado?

5. Qual é a diferença entre saber muito da Bíblia e estar verdadeiramente próximo dela?

6. Que vozes têm prevalecido no seu dia a dia: a do Senhor ou as de outras influências?

7. Você consegue identificar áreas da sua vida em que a Palavra de Deus não tem falado tão alto quanto deveria?

8. A voz de Deus tem sido um estrondo que domina tudo ou um som distante no fundo da alma?

9. Qual é o efeito da proximidade com a Palavra na sua capacidade de discernir outras vozes?

10. O que você pode fazer hoje para se colocar mais perto da "cachoeira" da Palavra?

CAPÍTULO 2 • A VOZ DA TENTAÇÃO

1. Você reconhece quando está ouvindo a voz da tentação ou ela costuma se disfarçar bem no seu coração?

2. Em quais áreas da sua vida a tentação tem argumentado contra a voz de Deus?

3. Que desejos têm servido de "boca" para a tentação se manifestar em você?

4. Você já percebeu como a tentação questiona o caráter e a bondade de Deus?

5. Quando a tentação surge, você costuma enfrentá-la com firmeza ou negociar com ela?

6. O que você tem feito para refrear seus desejos antes que eles deem à luz o pecado?

7. Você tem fugido da tentação ou está apenas tentando resistir a ela de perto?

8. A história de José inspira você a fugir da oportunidade de pecar mesmo quando ninguém está vendo?

9. Que verdades da Palavra podem desmascarar as mentiras que alimentam suas tentações mais frequentes?

10. O que precisa mudar em sua rotina ou ambiente para que a voz da tentação não encontre espaço?

CAPÍTULO 3 • A VOZ DA MAIORIA

1. Você já se sentiu pressionado a seguir a maioria, mesmo sabendo que não era a vontade de Deus?

2. A busca por aceitação tem influenciado suas decisões espirituais?

____

____

3. Como você reage quando precisa escolher entre agradar a Deus e agradar às pessoas?

____

____

4. Já houve momentos em que você abafou a voz de Deus para manter sua reputação?

____

____

5. O exemplo de Pilatos reflete alguma escolha sua recente?

____

____

6. Você está disposto a caminhar na contramão da maioria para obedecer à voz do Senhor?

____

____

7. O que tem mais peso em suas decisões: a opinião pública ou a Palavra de Deus?

____

____

8. Você já se viu mudando de postura espiritual para evitar julgamentos?

9. Como reagiria se fosse o único a defender a verdade bíblica em um ambiente hostil?

10. Em que situações você precisa se posicionar com mais firmeza diante da voz da maioria?

CAPÍTULO 4 • A VOZ DA DÚVIDA

1. Você tem permitido que as circunstâncias falem mais alto do que as promessas de Deus?

2. Quando a dúvida aparece, como você reage: se rende ou resiste?

3. Já começou algo em fé, mas perdeu o foco ao tirar os olhos de Jesus?

4. Você confia nas promessas mesmo quando não vê resultados imediatos?

5. Em momentos de incerteza, sua base tem sido a Palavra ou a lógica humana?

6. Qual foi a última vez que você precisou escolher entre crer ou ceder ao medo?

7. Você vive mais pelo que sente ou pelo que Deus disse?

8. Como você tem alimentado sua fé para que ela prevaleça sobre a dúvida?

9. Quando a fé vacila, você clama por socorro como Pedro ou tenta nadar sozinho?

10. O que você pode fazer hoje para manter os olhos fixos em Jesus e silenciar a voz da dúvida?

____

____

CAPÍTULO 5 • A VOZ DA GANÂNCIA

1. O que tem guiado suas decisões: contentamento no Senhor ou desejo por mais?

____

____

2. Você já sentiu que a busca por bens materiais abafou a voz de Deus na sua vida?

____

____

3. A cobiça tem se infiltrado de forma sutil nos seus planos e prioridades?

____

____

4. Quando você vê alguém prosperar, seu coração se alegra ou se compara?

____

____

5. Você tem confiado que Deus supre o necessário ou vive sob a ansiedade da falta?

____

____

6. Já justificou escolhas questionáveis com a desculpa de "precisar crescer"?

7. O dinheiro tem sido seu servo ou, sem perceber, virou seu senhor?

8. Como você lida com ofertas que trazem lucro, mas comprometem seus valores?

9. Você tem cultivado um coração grato com o que Deus já te confiou?

10. Que passos práticos você pode dar para silenciar a voz da ganância e ouvir com clareza a voz do Senhor?

CAPÍTULO 6 • A VOZ DOS MEXERICOS

1. Você tem sido cuidadoso com o que ouve ou permite que fofocas contaminem seu coração?

2. Quando ouve algo negativo sobre alguém, sua primeira reação é orar ou comentar?

3. Já percebeu como os mexericos podem abafar a voz do Espírito e roubar a paz?

4. Você costuma cortar conversas que semeiam divisão ou simplesmente se cala?

5. Em alguma situação, você foi influenciado por boatos e acabou julgando errado?

6. Suas palavras têm curado feridas ou espalhado suspeitas?

7. Você tem sido canal de reconciliação ou instrumento de confusão?

8. A voz dos mexericos já te afastou de alguém que Deus queria que você se aproximasse?

9. Quando falam mal de alguém na sua presença, o que você faz?

10. O que você pode fazer para proteger seus ouvidos e sua boca dessa voz destruidora?

CAPÍTULO 7 • A VOZ DO DESÂNIMO

1. O que tem alimentado seu coração: as promessas de Deus ou as frustrações da vida?

2. Quando o desânimo fala mais alto, qual tem sido sua reação: parar ou prosseguir?

3. Você tem confundido cansaço com falta de propósito?

4. Em momentos difíceis, você se lembra das promessas que o Senhor já te fez?

5. A quem você tem dado ouvidos quando pensa em desistir?

6. Você costuma se isolar quando está abatido ou busca refúgio na presença de Deus?

7. O que tem feito para renovar suas forças espirituais nos dias de fraqueza?

8. Já se pegou dizendo: "Não adianta mais", mesmo sabendo que Deus não mudou?

9. Sua memória espiritual está cheia de vitórias passadas ou de derrotas recentes?

10. Como você pode, hoje, deixar a voz do desânimo em silêncio e se levantar pela fé?

CAPÍTULO 8 • A VOZ DO PRECONCEITO

1. Você já percebeu julgamentos em seu coração baseados em aparência, origem ou passado de alguém?

2. Em que momentos você se deixou influenciar por estereótipos ao invés da direção do Espírito?

3. Você consegue enxergar as pessoas como Deus as vê ou ainda luta com rótulos antigos?

4. Já deixou de estender a graça a alguém porque achou que ela "não merecia"?

5. A sua visão sobre certas pessoas ou grupos reflete o coração de Cristo?

6. Que ensinamentos ou experiências do passado ainda moldam seus julgamentos hoje?

7. Como você reage quando Deus quer usar alguém que você não esperava?

8. A voz do preconceito já te impediu de amar ou servir alguém?

9. Você tem coragem de admitir e tratar pensamentos preconceituosos que surgem de forma sutil?

10. O que pode fazer hoje para calar essa voz e abrir espaço para a misericórdia, o amor e a verdade?

CAPÍTULO 9 • A VOZ DO MEDO

1. O que o medo tem impedido você de fazer, mesmo sabendo que Deus está com você?

2. Você costuma imaginar o pior antes de crer no melhor que Deus prometeu?

3. Que áreas da sua vida ainda são governadas mais pela insegurança do que pela fé?

4. A voz do medo já te paralisou quando era hora de avançar?

5. Você tem se escondido em desculpas quando, na verdade, está apenas com medo?

6. Como você tem lidado com os "e se?" que surgem diante de decisões importantes?

7. O medo de errar já te impediu de obedecer à voz do Senhor?

8. Você tem alimentado sua fé com a Palavra ou seus medos com suposições?

9. Que promessas de Deus você precisa lembrar hoje para calar o medo?

10. O que seria diferente se você deixasse de ouvir o medo e seguisse apenas a voz de Deus?

CAPÍTULO 10 • A VOZ DO COMODISMO

1. Você tem confundido descanso com estagnação espiritual?

2. Quais áreas da sua vida espiritual estão paradas há tempo demais?

3. O comodismo já te fez aceitar menos do que Deus quer te dar ou fazer por meio de você?

4. Você sente que está apenas "mantendo a fé" ou realmente crescendo nela?

5. Já usou o argumento de "está bom assim" para evitar mudanças que Deus está pedindo?

6. A rotina tem abafado sua paixão por Deus?

7. Quando foi a última vez que você saiu da zona de conforto por obediência a Ele?

8. O que você tem adiado por medo do esforço que vai exigir?

9. Você está mais preocupado com o conforto da vida ou com o cumprimento do seu chamado?

10. O que precisa ser despertado hoje em você para silenciar o comodismo e reacender o zelo?

Sua opinião é importante para nós.

Por gentileza, envie-nos seus comentários pelo e-mail:

editorial@hagnos.com.br